Die schönsten Radtouren

Leichte E-Bike-Touren Oberbayern

25 Fahrradausflüge mit Alpenblick für Genießer

J. BERG

Inhalt

Tourenüberblick 5
Vorwort 6
Praktische Informationen 8

Völlig easy im Ostallgäu 16

1 Von Pfronten ins Tannheimer Tal 18
Grenzerfahrung

2 Von Füssen nach Pfronten 22
Rund um den Falkenstein

3 Von Altenstadt über den Auerberg nach Schongau 28
Hügelig entlang des Lechs

Mit Leichtigkeit im Pfaffenwinkl und Werdenfelser Land 32

4 Von Hohenpeißenberg nach Schongau 34
Im Klosterland

5 Von Bad Kohlgrub zur Wieskirche 42
Links und rechts der Ammer

6 Staffelseerunde mit Sonnenbichel 48
Wasser, Wald, Wiesen und weite Aussicht

7 **Von Ohlstadt nach Garmisch-Partenkirchen** 54
Durch das Loisachmoor

8 **Um den Hohen Kranzberg** 60
Ein Mittenwald-Klassiker

9 **Zum Isarursprung** 66
Quellen im Karwendel

Mit Antrieb durch den Isarwinkel 70

10 **Von Wolfratshausen nach Süden** . . . 72
Alpenblick für Faulenzer, Schwimmer und Genießer

11 **Von Wolfratshausen nach Reutberg** 78
Zwei Städte und zwei Klöster

12 **Von Schaftlach nach Lenggries** 86
Highlights im Isarwinkel

13 **Durch den Isarwinkel in die Jachenau** 92
Zwei Flüsse und ein Stausee

14 **Rund um das Demeljoch** 98
Der Schweiß ist der Preis ...

8 Die Goas Alm liegt auf den Buckelwiesen.

14 Das E-Bike zaubert beim Bergaufradeln ein Lächeln ins Gesicht.

19 Der Samerberg ist ein hügeliger Höhenzug zwischen dem Inntal und dem Chiemgau.

Akku-Spaß im Tegernseer Land 102

15 Um den Hirschberg 104
Klein, fein und grandios

16 Vom Tegernsee zum Schliersee . . . 106
Almen, Seen und vieles mehr

17 Vom Schliersee ins Tal der Leitzach. 110
Mit einem Hauch von Abenteuer

18 Von Miesbach nach Weyarn. 114
Entlang von Schlierach und Mangfall

Rückenwind im Chiemgau und Berchtesgadener Land 120

19 Von Nußdorf nach Törwang 122
Auf und Ab am Samerberg

20 Von Übersee nach Schleching 128
Durch das Achental

21 Vom Chiemsee nach Waging und Traunstein 134
Das Beste im Chiemgau

22 Zum Waginger See. 138
Panoramatour im Rupertigau

23 Von Ruhpolding nach Inzell und Siegsdorf 142
Im Zeichen der Eiszeit

24 Von Bad Reichenhall um den Högl 146
Einsame Wege zwischen Saalach und dem Rupertiwinkel

25 Durch das Klausbachtal ins Hintertal 150
Unter Felswänden in den Naturpark Weißbach

Zugabe 154

Register 157

Impressum 160

Tourenüberblick

Tour			km	Hm	Zeit	Einkehr	Kultur	Aussicht	Natur	Baden	ÖPNV	E-Bike
1	🔴	Von Pfronten ins Tannheimer Tal	34 km	400/400	3.00 Std.	•		•			•	•
2	🔴	Von Füssen nach Pfronten	31 km	400/400	3.00 Std.	•	•	•		•	•	
3	⚫	Altenstadt, Auerberg, Schongau	51 km	650/650	4.30 Std.	•	•	•				•
4	🔴	Hohenpeißenberg nach Schongau	48 km	575/575	4.00 Std.	•	•	•		•	•	•
5	🔴	Von Bad Kohlgrub zur Wieskirche	43 km	450/450	3.45 Std.	•	•	•		•	•	•
6	🔴	Staffelsee mit Sonnenbichel	42 km	600/600	4.00 Std.	•		•		•	•	•
7	🔵	Von Ohlstadt nach Garmisch-Partenkirchen	49 km	220/220	3.45 Std.	•	•	•		•	•	•
8	🔴	Um den Hohen Kranzberg	25 km	300/300	2.30 Std.	•				•	•	•
9	🔴	Zum Isarursprung	44 km	480/480	4.00 Std.	•		•			•	•
10	🔴	Von Wolfratshausen nach Süden	60 km	400/400	5.00 Std.	•				•	•	
11	⚫	Von Wolfratshausen nach Reutberg	61 km	550/550	4.00 Std.	•	•			•	•	•
12	⚫	Von Schaftlach nach Lenggries	64 km	500/500	5.00 Std.	•	•			•	•	•
13	⚫	Durch den Isarwinkel in die Jachenau	61 km	550/550	4.00 Std.	•			•	•	•	•
14	⚫	Rund um das Demeljoch	41 km	980/980	3.00 Std.	•		•		•		
15	🔵	Um den Hirschberg	29 km	450/450	3.00 Std.	•			•	•	•	•
16	⚫	Vom Tegernsee zum Schliersee	33 km	750/750	3.15 Std.	•				•	•	•
17	🔵	Vom Schliersee ins Tal der Leitzach	28 km	240/240	3.00 Std.	•	•			•	•	•
18	🔵	Von Miesbach nach Weyarn	30 km	430/430	3.00 Std.	•	•				•	•
19	🔴	Von Nußdorf nach Törwang	30 km	550/550	4.00 Std.	•	•			•	•	•
20	🔴	Durch das Achental	52 km	400/400	4.30 Std.	•		•		•	•	•
21	🔴	Vom Chiemsee nach Waging und Traunstein	51 km	550/550	4.30 Std.	•	•	•		•	•	•
22	🔵	Zum Waginger See	28 km	350/350	3.00 Std.	•				•	•	•
23	🔴	Von Ruhpolding nach Inzell und Siegsdorf	35 km	350/350	3.00 Std.	•	•			•	•	•
24	🔵	Von Bad Reichenhall um den Högl	40 km	400/400	4.00 Std.	•				•	•	
25	🔴	Durch das Klausbachtal ins Hintertal	22 km	650/650	3.00 Std.	•		•		•		

Aussichtsreich bei Bad Kohlgrub

Vorwort

Das durch seine Moränen geprägte bayerische Voralpenland ist oft hügelig. Erst recht sind in den Bergen einige Höhenmeter zurückzulegen. Aber mit einem E-Bike über die schönsten Strecken im Alpenvorland und erste ungefährliche Schnuppertouren hinein in die Berge – das bedeutet Radeln mit jeder Menge Spaß!

Stille und Ruhe am Schliersee

Wir sind immer schon gerne geradelt, bergauf, bergab und geradeaus, es hat immer sehr viel Freude gemacht. Jetzt sind wir etwas älter, aber deswegen nicht weniger fahrradbegeistert. Es gibt nur einen Unterschied: Früher legten wir bei einer mehrtägigen Tour gerne einen Tag Pause ein, weil uns alleine die Vorstellung, am nächsten Tag wieder einige Höhenmeter vor uns zu haben, ausbremste.

Jetzt ist alles anders! Seit wir das erste Mal auf einem E-Bike gesessen sind, haben wir die Lust am Radfahren wieder ganz neu entdeckt. Es ist schon unglaublich, was so ein kleiner Akku alles leistet. Sein Antrieb gibt uns neuen Schwung. Auf einmal sind auch längere Touren kein Problem mehr, und die eine oder andere abgelegene Alm in den Alpen ist nun auch nicht mehr vor uns sicher.

Wir würden uns freuen, wenn Sie sich von dieser Begeisterung anstecken lassen und auf den von uns vorgestellten Runden die Freude und den Spaß erleben, den wir bei den Recherchen hatten.

Viel Spaß beim Radeln wünschen
Lisa und Wilfried Bahnmüller

Mit dem E-Bike lassen sich einige Karwendeltäler wie das Hinterautal und das Gleirschtal bei Scharnitz ganz einfach erkunden.

Praktische Informationen

Alle in diesem Buch beschriebenen Radtouren sind Rundtouren. Wir haben sie nach unserem Empfinden in die Rubriken leicht, mittel und schwer unterteilt. Selbstverständlich empfindet dies jeder Radfahrer anders, vor allem ist auch die Schubkraft an den E-Bikes immer etwas unterschiedlich. Der Leistungsbogen der Touren ist dabei, was Länge, Höhenmeter und somit Kondition betrifft, sehr breit gespannt. Daher sollten sich Anfänger mit zwei, drei leichteren Touren an die »Freiheit auf zwei Rädern« herantasten. Dazu gibt es viele gute, allgemeine Tipps auf der Homepage des Allgemeinen Deutschen Fahrradclubs (www.adfc.de).

E-Bike

Die meisten Radfahrer, die mit Motorunterstützung fahren, sagen, sie benutzen ein E-Bike, obwohl sie eigentlich auf einem Pedelec sitzen. Der offizielle Unterschied: Bei einem Pedelec muss man treten. Ein E-Bike dagegen ist ein reines Elektrofahrrad, das eigentlich wie ein Mofa funktioniert und für das man auch einen Mofa-Führerschein bräuchte. Wir wollen natürlich aktiv sein und fahren daher Pedelec. Trotzdem sprechen auch wir in diesem Buch grundsätzlich von E-Bikes – ganz einfach, weil es sich im deutschen Sprachgebrauch so eingebürgert hat.

Pfronten im Ostallgäu

Wir sind die Strecken mit einem E-Tourenrad und einem E-Trekkingrad gefahren. Einige unserer Begleiter hatten auch E-Mountainbikes. Unsere Bosch-Akkus haben 400 bzw. 500 Watt Leistung. Die Touren sind in ihrer Länge so übersichtlich, dass sie mit einem vollgeladenen Akku im Normalfall zu bewältigen sind, wobei das natürlich vom individuellen Fahrverhalten sowie von einigen Außenfaktoren abhängt. Aber wie bereits geschrieben: Wir wollen in die Pedale treten und wirklich radeln – und uns vielleicht auch das eine oder andere Mal etwas anstrengen, denn es sind einige Steigungen zu bewältigen, bei denen ein paar Gänge mehr am Fahrrad das Radeln natürlich erleichtern.

Zeit für Pausen und Besichtigungen sollte man sich nehmen, sie sind aber in den Zeitangaben der Touren nicht berücksichtigt.

Wichtiger Tipp: Am weitesten kommt man mit dem E-Bike, wenn man auf einer niedrigen Frequenz zwischen 60 und 80 Umdrehungen tritt und versucht, das möglichst konstant durchzuhalten. Auf kleinerem Gang fahren und rechtzeitig schalten, spart ebenfalls Energie. Häufiges Anfahren verbraucht viel Strom, genauso wie bei kälteren Außentemperaturen die Leistungskraft der Akkus schwindet.

E-B-Touren und E-MTB-Touren

Dann gibt es oft noch eine Unterscheidung zwischen E-B-Touren (E-Bike-Touren) und E-MTB-Touren (E-Mountainbike-Touren). In unserem Buch stellen wir Ihnen vor allem »normale« Radtouren, also E-B-Touren vor. Aber nachdem der Spaß mit den Fahrrädern so groß ist, haben wir auch einige erste E-MTB-Touren in das Buch gepackt. Diese führen hinauf in die Berge, aber auf sicheren Wegen. Das bedeutet, man muss nicht auf abschüssigen »Trails« fahren, keine Spitzkehren radeln können oder sein Fahr-

Es gibt Strecken, die verlaufen sehr eben, da braucht man nicht unbedingt ein E-Bike.

rad über unwegsames Gelände schieben. Aber der Untergrund ist natürlich nicht befestigt, das heißt, er kann nach Regen ausgewaschen sein. Umsichtiges Fahren, vor allem, wenn es bergab um Kurven geht, ist deshalb immer notwendig. Das Gleiche gilt natürlich im Alpenvorland.

Fahrzeiten, Höhenangaben, Tourencharakter

Wir haben uns sehr um die exakten Längenangaben der Touren bemüht. Für die Zeitangaben gehen wir von einer Durchschnittsgeschwindigkeit von ca. 10 km/h aus. Auf ebener Strecke kommt man etwas schneller voran, an Steigungen dementsprechend langsamer. Bitte planen Sie genügend Zeit für Pausen, Einkehr- oder Besichtigungsstopps ein, denn diese wurden von uns nicht berücksichtigt. Öffnungszeiten von Sehenswürdigkeiten oder Ruhetage von Gaststätten – genau wie Pächter oder Speisekarten – können sich seit dem Zeitpunkt unserer Recherche verändert haben. Aktuelle Angaben können Sie schnell im Internet recherchieren. Einige der längeren Touren lassen sich abkürzen, aber fast alle führen über verkehrsarme Nebenstraßen. Die wenigsten verlaufen überwiegend auf geteerten Straßen, denn

Einige Almen, wie die Schwarztennalm (Tour 15), lassen sich mithilfe des E-Bikes leichter erreichen.

wir bevorzugen einsame Feld- und Forstwege. Da kann der Untergrund dann schon einmal holprig sein, und nach Regenfällen gibt es oftmals Schlaglöcher. Gerade bei Auf- und Abfahrten ist daher Vorsicht geboten. Kritische Stellen haben wir jedoch im Text und im Tourencharakter erwähnt.

Rad- und Wanderkarten

Die Karten im Buch reichen zusammen mit den Streckenbeschreibungen im Text aus, um den Weg zu finden. Wer die Tour verlängern oder abkürzen will, sollte zur Orientierung eine zu-

Lenggries im Isarwinkel ist ein guter Startplatz für Rundtouren.

sätzliche Rad- bzw. Wanderkarte mitnehmen. Wir haben sehr gute Erfahrungen mit den Kompass-Karten gemacht, die noch dazu den Vorteil haben, dass sie fast überall erhältlich sind. Außerdem sind die GPX-Tracks zum Download unter gps.bruckmann.de hinterlegt.

Einkehr/Verpflegung

So gut wie überall findet man Einkehrmöglichkeiten. Wir haben bei jeder Tour, wenn möglich, einen Tipp angegeben. Durchgehend warme Küche gibt es auf dem Land nicht immer, da manche Gaststätten sogar erst am Abend öffnen. Deswegen nehmen wir grundsätzlich reichlich zu trinken mit (mindestens einen Liter pro Person) und packen zumindest einen Apfel, Durchhaltekekse oder einen Müsliriegel ein. Oftmals ist das mitgebrachte Picknick oder die eigene Brotzeit am schönsten.

Ausrüstung

Die Bekleidung ist natürlich von der Jahreszeit und vom Wetter abhängig. Wichtig ist eine gut gepolsterte Radhose. Sie schützt unseren Allerwertesten und ist dabei elastisch genug, um jede Bewegung mitzumachen. Gleichzeitig ist sie eng genug, damit sich die Hosenbeine nicht in der Kette verheddern. Wer sich in einer solchen Hose unwohl fühlt, kann auch eine gepolsterte Fahrradunterhose tragen. Sehr bewährt hat sich Funktionswäsche für die Oberbekleidung. Sie trocknet leicht und ist atmungsaktiv. Wegen der schattigen Waldwege packen wir auch im Sommer einen Pulli ein. Im Frühjahr und Herbst haben wir gerne sogenannte Windstopper-Jacken dabei. Sie halten den Fahrtwind ab, trotzdem schwitzt man nicht wie unter einer reinen Regenjacke. Letztere erfüllt natürlich ebenfalls ihren Zweck an regnerischen Tagen, von denen wir aber hoffen, dass Sie keinen einzigen erwischen. Da Sie praktisch in allen Seen und zum Teil auch in den Flüssen baden und schwimmen können, nehmen Sie im Sommer am besten Badesachen inklusive einer kleinen Decke oder einem Handtuch als Sitz- bzw. Liegegelegenheit mit. Weniger wichtig, aber praktisch sind Handy, Fotokamera, Sonnencreme, Brille gegen die Fahrtwindfliegen und Landkarten. Auf keinen Fall vergessen sollten Sie das Ladekabel, wenn Sie den Akku nicht vollständig geladen haben oder wissen, dass Sie viel Schub brauchen, sowie den zum Akku gehörenden Computer, falls er nicht sowieso fest am Fahrrad montiert ist. Ohne den Computer geht, zumindest bei unseren Rädern, nämlich nichts!

Sicherheit

Beim Fahrradfahren gelten ein paar Regeln, die – wenn man sie beachtet – Unfälle zu vermeiden helfen. Ein Fahrradhelm ist zwar gesetzlich nicht vorgeschrieben, gehört aber zum Pflichtprogramm. Ebenso sollten Sie vor dem Start Ihre Ausrüstung und vor allem die Bremsen prüfen. Ein Erste-Hilfe-Notfalltäschchen sollte neben einem Ersatzschlauch und einer Luftpumpe (ohne Fahrradpumpe nützt das beste Flickzeug nichts!) noch Platz im Rucksack oder in der Fahrradtasche haben.

Meist sind die Wege gut beschildert, in der Jachenau treffen wir sogar auf liebevoll handbemalte Wegweiser.

Vor allem im Herbst wird es früh dunkel. Falls Sie ein Fahrrad ohne funktionierende Beleuchtung besitzen, tragen Sie zumindest einen Fahrradhelm mit eingebauten Leuchtdioden oder beenden Sie Ihre Runde rechtzeitig vor Anbruch der Dunkelheit. Bei feuchter Witterung müssen Sie besonders bei steilen Abfahrten mit rutschiger Fahrbahn rechnen. Fahren Sie deshalb abwärts stets überlegt und mit großer Vorsicht – vor allem, wenn es sich um ungeteerte Feldwege handelt. An manchen Stellen sollte man dann aus Sicherheitsgründen lieber schieben. Das gilt übrigens sowohl für Fußgängerbereiche als auch für sensible Natur- oder Wildzonen. Wir dürfen keinesfalls abseits der Wege und Pfade oder gar querfeldein radeln. Viele Gebiete befinden sich in Privatbesitz, dort dürfen wir uns nur dank der Toleranz und Duldung der Eigentümer bewegen. Deshalb werden Weidegatter auch immer wieder verschlossen und wir akzeptieren Absperrungen. Zur Sicherheit für die E-Räder packen Sie immer ein Fahrradschloss ein. Es wäre schade, wenn man nach einem Stopp ein böses Erwachen erlebt.

Übrigens empfehlen wir, ein spezielles Fahrradtraining für E-Bikes mitzumachen. Wir waren zwar anfangs der Meinung, dass es kaum Unterschiede zwischen dem Fahren eines »normalen« Fahrrads und eines E-Bikes gäbe, bis wir selbst ein Fahrradtraining absolvierten. Es war unglaublich, wie viel wir über das Fahrradfahren allgemein noch lernen konnten, etwa zur richtigen Haltung oder Technik des Kurvenfahrens, um das Fahrrad noch sicherer zu beherrschen – ganz abgesehen davon, dass es riesigen Spaß gemacht hat. Es gibt hierfür mehrere Anbieter (www.bucketride.de oder www.trailxperience.com).

Fast alle Ausgangspunkte kann man mit der Bahn erreichen.

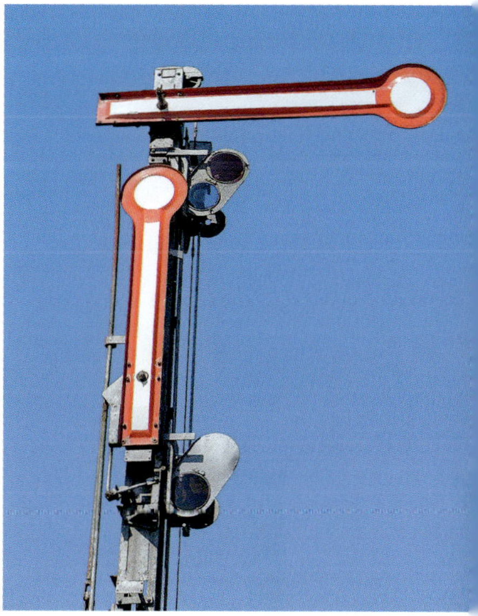

Anfahrt

Fast alle Ausgangsorte der Touren lassen sich mit öffentlichen Verkehrsmitteln erreichen. Das ist umweltverträglicher und erspart den Blechlawinenstau am Abend. Nur die Ausgangsorte zu den Touren 14 und 25 sind nicht ohne eigenen Pkw zu erreichen.

Power gesucht!

Es passiert einfach und meist sehr schnell! Auf einmal neigt sich die Akkuladung dem Ende zu. Dann macht Radfahren keinen Spaß mehr, denn E-Bikes sind im Verhältnis zu anderen Fahrrädern schwerer. Deshalb raten wir, vorrausschauend zu fahren. Wir haben im Tourencharakter immer angegeben, wenn uns in der zweiten Hälfte der Radrunde noch weitere Steigungen bevorstehen. Unser persönlicher Tipp: Zur Hälfte der Tour sollte der Akku noch nicht zur Hälfte leer sein, denn am Ende geht es immer schnell.

Wer sich unsicher ist, ob seine Akkuladung reicht, packt auf jeden Fall sein Ladegerät, das heißt Kabel samt Spannungswandler, mit ein. Wir haben viele E-Bike-Ladestationen angegeben, aber fast immer muss man sein eigenes Ladegerät dabeihaben, denn die Ladestation ist oft nur eine klassische Steckdose. Unserer Erfahrung nach darf man seinen Akku eigentlich in jedem Café oder Wirtshaus aufladen, wenn man dort einkehrt und vorher höflich fragt: Es nennt sich »Lademöglichkeit bei Verzehr«. Wir haben noch nie eine Absage bekommen, selbst wenn wir uns in einer Eisdiele nur einen Eiskaffee genehmigt haben. Leider gibt es aber Radfahrer, die das als Selbstverständlichkeit voraussetzen. Eine freundliche Frage im Vorfeld vermeidet Missverständnisse. Die Ladezeiten muss man ebenfalls berücksichtigen, in einer Stunde ist ein leerer Akku leider noch nicht wieder voll. Eine gute Alternative kann ein zweiter Akku sein, den man einfach im Rucksack mitnimmt.

Abendstimmung am Auerberg
mit den Bergen bei Füssen

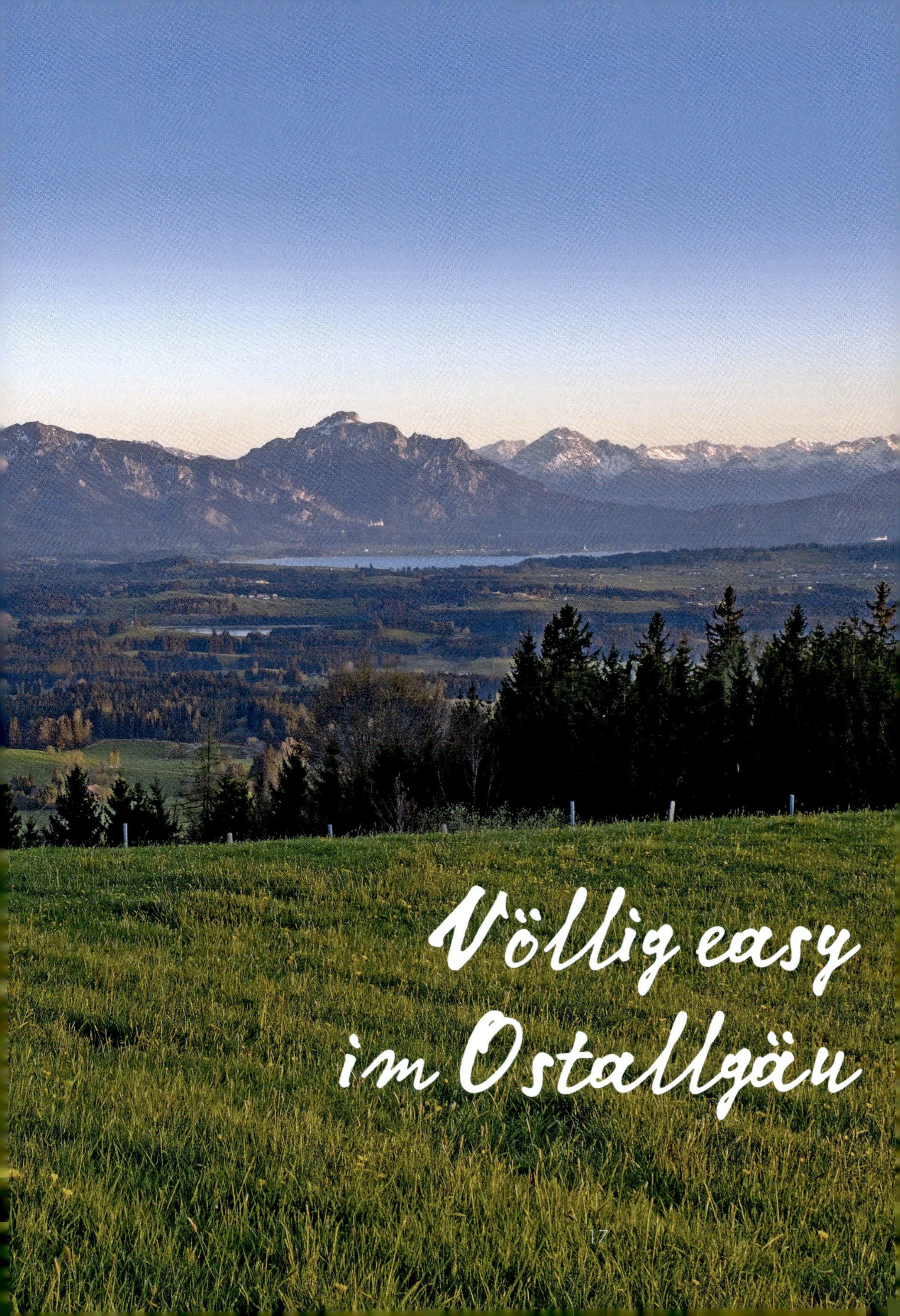

Völlig easy im Ostallgäu

1 Von Pfronten ins Tannheimer Tal

Grenzerfahrung

mittel | 34 km | 400 Hm | 3 Std.

Tourencharakter
Rundtour auf Nebenstraße und Radwegen mit einigen ungeteerten Wegabschnitten. Die Höhenmeter sind bis auf kleinere steilere Anstiege über die ganze Strecke verteilt, aber mit dem E-Bike gut zu schaffen.

Ausgangs- und Endpunkt
Eisstadion Pfronten

GPS
47.5793, 10.5527

E-Ladestation
Pfronten: Dorfweiher und Bahnhof Pfronten-Ried; Schattwald: Elektrizitätswerk/Schattwald 4

Anfahrt
ÖPNV: mit der Bahn bis zum Bahnhof Pfronten-Ried, von dort auf der B 310 Richtung Süden bis zur Abzweigung zur Eishalle am Adolf-Haff-Weg; PKW: über die A 7 bis Ausfahrt Oy-Mittelberg, weiter auf der B 309 oder über München auf die B 17 bis Füssen und weiter auf der B 310 nach Pfronten. Durch Pfronten weiter auf der B 309 in Richtung Breitenbergbahn, dann aber ein Stück nach der Vilsbrücke rechts in den Adolf-Haff-Weg einbiegen. Die Frühlingsstraße bringt uns nach rechts zum Stadion und zu den Parkplätzen.

Information
www.pfronten.de

Grenzerfahrend sind wir heute zwischen Bayern und Österreich unterwegs. Begleitet von den beiden Gebirgsbächen Ach und Vils, umgeben von einer gigantischen Bergwelt und umringt von üppig blühenden Almwiesen radeln wir von Pfronten hinüber ins südlich gelegene Tannheimer Tal.

Entlang der Ache Wir starten am Eisstadion in Pfronten in der Frühlingsstraße. Wer mit dem Auto gekommen ist, radelt seine Fahrt zum Eisstadion zunächst retour, nämlich durch den Adolf-Haff-Weg zur großen Tiroler Straße. Dieser folgen wir nun in südlicher Richtung und biegen kurz darauf am Alpenhotel Krone rechts in den Kienbergweg ein. Vorbei am Dorfweiher bleiben wir nun stets auf der Kienbergstraße und queren am Pfrontner Ortsende die Achtalstraße geradeaus in den Radweg. Schon sind

Pfronten im Ostallgäu besitzt viele Ortsteile, aber am Kirchturm von St. Nikolaus können wir uns immer orientieren.

Linke Seite: Der Radweg nach Tirol verläuft parallel zur Straße.

wir mitten im Grünen und folgen der Beschilderung nach Grän entlang der kleinen Steinacher Ache. Angenehm ruhig plätschert der Fluss neben uns über Steinkaskaden und schnell erreichen wir die Fallmühle mit ihrem Gasthaus. Auch wenn die Einkehr in das hübsche und liebevoll dekorierte Gasthaus noch so sehr lockt, müssen wir erst noch ein bisschen Gas geben und Strecke machen. So folgen wir hinter dem Gasthaus dem leicht ansteigenden Weg in den Wald hinein und bleiben der Ache treu, die nun schon deutlich wilder ihren Anspruch auf einen richtigen Bergbach geltend macht. Es handelt sich jedoch nur um ein kurzes Zwischenspiel. Gleich geht es wieder deutlich sanfter und für uns nur noch

Einkehr

Einige Möglichkeiten im Tannheimer Tal, etwa der Kiosk Haxlstopp bei Grän oder Beim Öfner in Innergschwend. In völliger Alleinlage unweit der wildromantischen Vils liegt die Alpe Kalbelehof auf einer grünen Almwiese direkt an unserer Radstrecke. Vor der Bergkulisse werden dort leckere Brotzeiten und hausgemachte Kuchen serviert – ein Rastplätzchen, das man nur mit dem Fahrrad oder zu Fuß erreicht. Nur von Juni bis September geöffnet!

Perfekt liegt im letzten Drittel der Tour die Alpe Kabelehof an der Vils. Sie hat aber nur im Sommer geöffnet.

leicht ansteigend an ihrem Ufer entlang. Langsam weitet sich das Tal und wir genießen die traumhaften Ausblicke auf den Aggenstein und die nahen Tannheimer Berge. Umgeben von herrlich blühenden Almwiesen stören wir uns dann auch nicht am Verlust des Bergbaches, der nun ein Stück entfernt ohne uns am Fuße der Berge weiterfließt. Kurz vor der Staatsgrenze endet unser Radweg und wir radeln auf der kleinen Nebenstraße weiter. Vorsichtig geht es über ein Viehgitter und dann sind wir schon im Engetal in einem wunderbaren Alpgebiet unterwegs. Kühe kreuzen die Fahrbahn und mit ihnen einige Fliegen. Also besser Mund zu, was uns im Angesicht der schönen Landschaft sicherlich schwerfällt. Dann steigt die Straße noch einmal etwas steiler an und am alten Zollhaus, der Enge, geht es hinüber ins Tannheimer Tal.

Wiesenwege im Tannheimer Tal Der Übergang von einem Tal zum nächsten gleicht einer Panoramaschau. Kaum haben wir den ersten Blick auf das Tannheimer Tal genossen, ändern sich beim nächsten die Berge und damit die ganze Kulisse. Beeindruckend liegen nun die Lechtaler und Allgäuer Alpen vor uns. Kurz bevor wir Grän erreichen, biegen wir hinter der kleinen Kapelle rechts in den Feldweg ein. Wieder umringt von satten, feuchten Blumenwiesen, erreichen wir auf einem Panoramaweg Innergschwend. Nach dem Gasthaus Beim Öfner und der kleinen Kapelle halten wir uns rechts und gelangen zum Weiler Berg. Diesen durchqueren wir ohne nennenswerten Höhenverlust immer in ursprünglicher Fahrtrichtung (Schild »Zöblen«). Kurz hinter dem Ort

Blütenpracht

Die schönste Jahreszeit für diese Radtour ist Anfang Juni. Dann entfalten die vielen Almwiesen entlang der Strecke ihre ganze Pracht und stehen voll in ihrer Blüte. Während weiter unten im Tal schon zum zweiten Mal gemäht wird und kein Farbtupfer mehr zu finden ist, lassen die Bergbauern im Tannheimer- und Achental den Wiesenblumen noch Zeit zum Wachsen. Besonders schön sind dabei die Blumenwiesen, die auf den feuchten Böden gedeihen.

passieren wir die malerische Kapelle St. Leonhard und anschließend ein kleines Gewerbegebiet. Unmittelbar nach den letzten Häusern biegen wir links ein und stehen an der Vils. Diese überqueren wir nach wenigen Metern und unterqueren gleich darauf die Autostraße. Nun folgen wir der Beschilderung nach Schattwald, die uns bald wieder auf die andere Seite der Vils lotst. Vorbei an einigen Fischweihern, halten wir auf unserem Flussradweg auch etwas Abstand zu den Orten Zöblen und Schattwald, wobei beide einen kleinen Abstecher wert wären. Vor allem in Schattwald lohnt sich im Sommer ein Stopp am Moorbad Floschen. Nach dem großen Parkplatz des Rohnenliftes queren wir die Autostraße erneut und bleiben zunächst noch der Vils treu. Im Ortsteil Kappl biegen wir dann jedoch nach rechts aufwärts ein und halten uns gleich wieder links. So verlassen wir das Tannheimer Tal und Kappl und der einzige, wirkliche Anstieg steht uns bevor.

Einsam durch das Vilstal Für die Strecke hoch über dem Vilsfall und der Vilsschlucht müssen wir etwas an Höhe gewinnen. Das kurze Stück lässt sich aber auch schieben und verläuft zum Glück angenehm schattig im Wald. Kaum haben wir diesen verlassen, geht es auch schon wieder bergab – und das ganz schön flockig. Also besser noch einmal die Bremsen prüfen und Abstand zum Vordermann lassen! Immer dem Hauptweg folgend, rollen wir so über ein paar Kurven wieder hinunter zur Vils, auf die wir an einem wunderschönen Almboden treffen. Nun ist es auch nicht mehr weit bis zur bereits sichtbaren Alpe Kalbelehof, wo wir uns eine Einkehr bestimmt verdient haben. Ab hier ist der weitere Wegverlauf denkbar einfach, auch wenn die Tour noch lange nicht vorbei ist. Stets der Vils folgend, geht es über die Staatsgrenze wieder nach Bayern. Vorbei am Gasthaus Vilstalsäge, unsere vorerst letzten Einkehrmöglichkeit, geht es im Auf und Ab nach Pfronten zurück. Dort queren wir gleich am Ortsanfang die Vils und folgen dem Rad- und Fußweg durch den Kurpark zum Eisstadion zurück.

2 Von Füssen nach Pfronten

Rund um den Falkenstein

mittel | 31 km | 400 Hm | 3 Std.

Tourencharakter
Etwas anstrengende Rundtour mit einigen längeren Steigungen, die man mit dem E-Bike gut schaffen kann. Meist auf Forst-, Rad- und Wanderwegen, aber auch rauer Untergrund ist vorhanden. Der Ländeweg entlang des Lechs ist sehr holprig, macht aber Spaß! Nach Hochwasser kann er überschwemmt und feucht sein. Schwierige Abschnitte lassen sich umgehen, reichlich Bad- und Besichtigungsgelegenheiten.

Ausgangs- und Endpunkt
Füssen, Bahnhof

GPS
47.570506, 10.696931

E-Ladestation
Pfronten: Dorfweiher und Bahnhof Pfronten-Ried; Füssen: Info-Pavillon Kaiser-Maximilianstr. 1

Anfahrt
ÖPNV: mit der Bahn nach Füssen; PKW: Autobahn A7 über Ulm und Memmingen nach Füssen, Parkplätze über den Ort verteilt, am besten am Eisstadion parken

Einkehr
Wer die Wahl hat, hat die Qual: In Füssen wartet eine riesige Auswahl an Gaststätten, Restaurants, Cafés und Wirtshäusern.

Information
www.fuessen.de

Die Umrundung des Falkensteins gehört zu den schönsten Radstrecken im Ostallgäu. Sehr viel mehr erleben können wir an diesem Tag nicht, und so gilt es viel Zeit mitzubringen für den Besuch des Alat- und des Weißensees, Pfrontens, des Lechsprungs und der Füssener Altstadt.

Von Füssen ins Tal der Sinne Startplatz ist der Füssener Bahnhof, den wir auf der Bahnhofstraße in östlicher Richtung verlassen. Am Kreisverkehr geht es mit viel Stadtverkehr geradeaus auf der B16 vorbei an der Altstadt. Erst nach den Stadtmauerresten können wir auf einen eigenen Radweg ausweichen, der uns an den Lech führt. Wir queren den Fluss nicht, sondern halten uns rechts und radeln am Lechufer flussaufwärts. So erreichen wir Bad Faulenbach und folgen der Radwegbeschilderung in die Alatseestraße. Sofort sind wir im Erholungsgelände, wo wir zu einer Erkundungstour im Tal der Sinne mit seinem Barfußpfad, den Kräuterbeeten und Kneippbecken starten. Die schwefelhaltigen Quellen von Bad Faulenbach wurden bereits von den Römern entdeckt. Schon im 15. Jahrhundert nutzte das Kloster St. Mang das gesunde Wasser und errichtete ein Badehaus. Richtig in Schwung kam der Kurbetrieb aber erst, als Kneippsche Wasserguss-Kuren Anhänger fanden und sich die Kur- und Bäderbetriebe Bad Faulenbachs darauf einstellten.

Zum mystischen Alatsee Nun steht die erste Auffahrt bevor. Das klingt aber dramatischer, als es ist, und so werden wir unseren Akku noch etwas schonen. Vorbei an den beiden Freibädern, Mitter- und Obersee, steigt die verkehrsfreie Zufahrtstraße leicht

an. Wald und Wiesen wechseln sich ab und wir erreichen direkt am gleichnamigen Gasthof den Alatsee. Um ihn ranken sich jede Menge Mythen und Gerüchte. So erzählt man, dass der See sich blutrot verfärben kann, was ein kommendes Unheil, wie Krieg oder Pest, bedeutet. Außerdem sollen in ihm Gespenster hausen, die Menschen in die Tiefe zögen, die sich seinem Ufer nähern. Zu guter Letzt sollen am Grund des Sees die Goldschätze des Dritten Reiches versenkt sein. Hinter all diesen Geschichten verbirgt sich ein ungewöhnliches Ökosystem, das ziemlich einmalig ist und auf den Infotafeln am Alatsee erklärt wird.

Der Alatsee lädt zum Baden ein, das Restaurant zur Einkehr.

Linke Seite: Füssen am Lech

Über den Weißensee Wer möchte, kann den See zu Fuß umrunden, dort gibt es einige schöne Badestellen. Weiter geht es jedoch mit dem Rad an das nördliche Ende, wo wir rechts auf die Zufahrtstraße einbiegen. Vorbei am großen Parkplatz rollen wir bergab und erreichen im Tal den Weißensee. Sein südliches Ufer ist für Radfahrer gesperrt, sodass wir in Richtung B 310 fahren. Etwa 150 Meter vorher beginnt links der Uferradweg entlang der Nordseite des Weißensees. Schilfflächen und Badestellen wechseln sich ab und über dem Wasser ragen Zirmgrat und Falkenstein empor. Vorbei am alten Pfarr- und Schulhaus sowie der malerischen Kirche St. Walburga gelangen wir an das westliche Ende des Sees in den Ortsteil Oberkirch. Während der Badesaison müssen wir unsere Räder durch das öffentliche Strandbad schieben. So können wir noch einmal Kräfte sammeln, denn uns steht der nächste Anstieg bevor. Parallel zur Autostraße gewinnen wir rasch an Höhe, dabei sollten wir uns unbedingt auch einmal umdrehen. Die Aussicht über den See hinüber nach Füssen und zum Tegelberg ist einmalig.

Spuren der Eiszeit

Gleich hinter dem Lechfall stürzt sich das Wasser in eine Klamm. Sie entstand am Ende der letzten Eiszeit. Damals hatten sich im Vilstal und hinaus bis nach Pfronten zwei Seen aufgestaut. Das Überwasser sägte sich ganz langsam durch die Felsbarriere, sodass die Lechschlucht entstand. Von einem Steg aus können wir die Kaskaden bequem und risikolos bewundern.

Pfronten Wir radeln durch Roßmoos, dann verlassen wir den Radweg nach links Richtung Benken. Das erspart uns eine Fahrt neben der Autostraße, dafür nehmen wir eine weitere Steigung in Kauf. Kurz hinter Benken zieht sich der Weg nach rechts saftig bergauf. Dann geht es weiter in Fahrtrichtung durch Wald und Wiesen und abwärts zum Ortsteil Meilingen, wo wir auf eine größere geteerte Straße stoßen und die traumhafte Aussicht über das Pfrontener Tal mit dem markanten hohen Kirchturm der Pfarrkirche St. Nikolaus genießen. Jetzt wenden wir uns nach rechts und radeln in den Falkensteinweg, der uns über mehrere Kurven, am Alpenbad vorbei, steil hinunter ins Tal bringt. An der Vorfahrtsstraße halten wir uns links und erreichen so die Bahngleise im Ortsteil Ried. Geradeaus geht es in die Ortsmitte – ein Abstecher, der sich anbietet, wenn man einkehren möchte. Ansonsten biegen wir unmittelbar vor den Gleisen nach links und erreichen nach wenigen Minuten die Vils.

Pfarrkirche St. Walburga am Weißensee

Vilsradweg nach Füssen Wir queren den Fluss über den kleinen Steg und folgen dann dem Wasser nach links. Mit herrlichster Sicht auf die Allgäuer Berge, allen voran auf den mächtigen Aggensteinstock, geht es nun ins Vilstal. Die Radwegschilder weisen uns einmal an das eine, dann an das andere Ufer. Im Frühsommer blühen die Wiesen herrlich bunt und wir kommen am Fuße des Zirmgrats flott voran. Der Zirmgrat ist der ganze Bergrücken, der sich links von uns zwischen der Burgruine Fal-

Der Lechfall ist zum beliebten Instagram-Hotspot geworden, er ist aber auch besonders schön.

kenstein und der Saloberalm entlangzieht. Bald sehen wir über uns die Burgruine Falkenstein, zu der König Ludwig II. bereits Pläne für ein zweites Märchenschloss hatte. Neben uns plätschert die idyllische Vils und lädt mit ihren Kiesbänken zur Rast ein. Kaum merklich überschreiten wir die Grenze nach Tirol und wir besuchen das keltische Baumhoroskop mit seinem Labyrinth. An der modernen Anna-Brücke verlassen wir den Fluss nach links und steuern auf den Turm der Burgruine Vilsegg und die darunter liegende Anna Kapelle zu. In die Wallfahrtskirche können wir einen Blick werfen, sie geht auf das hohe Mittelalter zurück. Zur Burgruine Vilsegg führt ein Fußweg hinauf.

Von der Vils an den Lech Weiter geht es in ursprünglicher Fahrtrichtung und wir erreichen die ersten Häuser von Vils. In Sichtweite zum Kieswerk müssen wir uns entscheiden: Der offizielle Radweg nach Füssen zweigt hier rechts ab, verläuft dann aber meist parallel zur befahrenen Straße. Schöner, wenn auch holpriger ist die Fahrt über den Ländeweg entlang des Lechs. Dafür biegen wir vor dem Kieswerk nach links und umfahren es in einem Bogen. Dahinter führt unser Weg wieder über Felder und schließlich geht es unter der Schnellstraße hindurch, die hier gerade aus dem großen Tunnel kommt. Kurz hinter dem einsamen

Die Füssener Fußgängerzone mit dem Hohen Schloss

Bauernhaus fließt die Vils in den Lech, was sich jedoch unseren Augen entzieht. Wir merken nur anhand der vielen Altwasserarme und dem wildwachsenden Weidengestrüpp, dass wir uns immer noch in Flussnähe befinden. Nun folgen wir dem Lech und es wird etwas anstrengender, denn der Weg führt im stetigen Auf und Ab durch den Wald. Das ist gleichzeitig ein bekannter Wanderweg, sodass wir besonders Rücksicht auf die Fußgänger nehmen. Bald überschreiten wir wieder die Grenze nach Bayern – alte Grenzsteine an den Felswänden zeigen, dass sich hier seit vielen Jahrhunderten der Grenzverlauf nicht verändert hat. Schließlich lichtet sich der Wald und nach einer letzten Steigung stehen wir am Ortsrand von Füssen, wo wir mit wenigen Schritten nach rechts zu Fuß noch den Lechfall besichtigen können.

Lechfall und Altstadt Für den letzten Kilometer bleiben wir auf der ursprünglichen Flussseite, schieben für 350 Meter durch den Ländeweg und erreichen dahinter wieder die Alatseestraße, die wir vom Hinweg kennen. Um sich die Altstadt von Füssen anzusehen, verlassen wir an der nächsten Lechbrücke den Flussradweg und biegen links in die Altstadt hinein. Meist ist viel los, deshalb schieben wir besser oder stellen die Räder ab, denn dann können wir uns besser frei bewegen.

3 Von Altenstadt über den Auerberg nach Schongau

Hügelig entlang des Lechs

schwer | 51 km | 650 Hm | 4.30 Std.

Tourencharakter
Rundtour auf geteerten und ungeteerten Radwegen und wenig befahrenen Nebenstraßen. Allgemein etwas hügelig. Für die Auf- und Überfahrt des Auerbergs kommen noch einmal 6,5 km und 250 Hm hinzu. Der Abschnitt ist definitiv schwierig, vor allem, weil wir für die ersten Meter der Abfahrt eine Mountainbikestrecke über eine Wiese befahren und dazu das Rad über ein paar Viehzäune setzen müssen.

Ausgangs- und Endpunkt
Altenstadt, Basilika

GPS
47.8223, 10.8726

E-Ladestation
Schongau: vor dem Rathaus; Lechbruck: Flößer Golf Kiosk neben dem Rathaus

Anfahrt
ÖPNV: von München mit der BOB nach Tegernsee, Radtour dann von dort beginnen; PKW: an den Tegernsee, Rottach liegt am Südufer, mehrere Parkplätze

Einkehr
Unterwegs gibt es leider nicht viel. Café Zur Alten Schule in Lechbruck oder am Ende in Schongau.

Information
www.schongau.com

Dörfer mit barocken Gotteshäusern, weite Felder, idyllische Badeseen, das grüne Band des Lechs und das quirlige Schongau liegen auf unserem Weg. Mit dem E-Bike ist die Fahrt auf den Auerberg, eine der schönsten Allgäuer Aussichtslogen, fast ein Kinderspiel.

Nach Burggen Wir starten in Altenstadt direkt an der romanischen Basilika, deren Besichtigung wir entweder gleich oder nach der Tour absolvieren. Wir schwingen uns auf die Räder und folgen der Beschilderung nach Burggen in Richtung Schwabbruck. So verlassen wir Altenstadt auf der Triebstraße und passieren die Schule. Gleich dahinter weckt ein auffälliges freistehendes Bahnsignal unser Interesse. Es weist auf die ehemalige Bahnstrecke nach Kaufbeuern hin. Wir folgen jedoch nicht der einstigen Bahntrasse, sondern wählen den Radweg links davon. Er führt uns nun über die Felder zu einer Kreuzung. Hier biegen wir links ab, das Radwegschild nach Burggen weist uns den Weg. In die kleine, einsam stehende Kapelle mit der Sonnenuhr, auf die wir bald treffen, werfen wir einen Blick. Die Schöpfungskapelle ist sehr eigen in Blautönen ausgemalt. Danach unterqueren wir die B 472, radeln durch ein Waldstück und queren noch eine größere Straße. Über Felder und mit herrlicher Aussicht auf die Berge geht es so nach Burggen. Wer möchte, besucht die barocke Pfarrkirche St. Stephan. Neben dem Hochaltar wurden die zwei großen Skulpturen, Hl. Afra und Hl. Ulrich, von keinem Geringeren als Anton Sturm, dem großen Bildhauer der berühmten Wieskirche, gestaltet. Neben der Hauptkirche lohnt sich auch der Besuch der kleinen St. Anna Kirche, die jedoch etwas außerhalb des Ortes liegt.

Zum Auerberg mit Badefreuden Für die Weiterfahrt folgen wir unterhalb der Stephanskirche der Beschilderung nach Bernbeuren. Wieder geht es mit bester Sicht auf die Berge in Richtung Süden, bis wir kurz vor Bernbeuren den Haslacher See erreichen.

Das Badegelände mit seinem Steg und dem Kiosk verlockt zu einer Pause, und wer im Sommer seine Badesachen dabeihat, hüpft das erste Mal ins Wasser. Ansonsten folgen wir dem Radweg parallel zur Autostraße und erreichen einige Minuten später Bernbeuren. Der Ort liegt am Fuße des Auerbergs, der schon zu römischer Zeit besiedelt war. So ist auch das Auerbergmuseum im Kiebelehaus, das von der Ortsgeschichte erzählt, eine Besichtigung wert (Mitte April–Mitte Oktober Sa, So & Feiertage 14–16 Uhr). In der Ortsmitte am Marktplatz treffen wir dann eine Entscheidung. Fühlen wir uns der Herausforderung gewachsen und erobern den Auerberg? Mit dem E-Bike eigentlich kein Problem. Dafür folgen wir einfach rechts der durchwegs geteerten Auerbergstraße bis ganz hinauf zur Wallfahrtskirche und dem Gasthaus. Der Auerberg ist ein beliebtes Ausflugsziel. Die Auffahrt lohnt sich sowohl für eine Einkehr als auch für die Besichtigung der alten Georgskirche. Dort finden wir einen Zugang

Am Haslacher See gibt es einen abgetrennten Badebereich, durch die Seerosenidylle darf man natürlich nicht schwimmen.

Der Auerberg ist ein wunderbarer den Bergen vorgelagerter Aussichtshügel.

auf den Turm. Die Aussicht auf die Alpenkette und ins Alpenvorland ist einzigartig. Das Gasthaus unterhalb davon ist weithin berühmt für seine Küche und hauseigene Konditorei.

Abwärts Vom Auerberg radeln wir zunächst, mit den Fingern auf der Bremse, ein Stück die gleiche Strecke bergab, die wir vorher so mühsam nach oben gefahren sind. An der Stelle, an der links die Straße nach Stötten abzweigt, biegen wir rechts ein und halten uns dann an der Weggabelung links weiter bergab, bis unsere kleinere Straße in eine größere mündet. Auf ihr geht es nach links weiter und wir radeln ein Stück in Richtung Bernbeuren zurück. Kurz bevor wir die ersten Häuser erreichen, biegen wir scharf rechts ab und folgen der Radwegbeschilderung nach Lechbruck. Im Zick und Zack geht es über Felder vorbei an den Bauernhäusern Wieshof, Angerhof und Vogelegg, bis wir auf eine größere Vorfahrtstraße treffen. Ihr folgen wir nach rechts und gelangen nach Echerschwang. Dort biegen wir an der zweiten Möglichkeit links ab. Am Ende des Dorfes geht es rechts über ein Golfplatzgelände, am Wegedreieck links und noch vor dem Parkplatz wieder rechts in den Wald. So kommen wir nach Lechbruck in der Auerbergstraße. In die Straße Brandach biegen wir links ein und erreichen nach rechts die Untere Dorfstraße. Nun sind wir auf dem Radweg Via Claudia Augusta unterwegs. Wir queren die größere Schongauer Straße (Abstecher zum Café Zur

Alten Schule, Schongauer Straße 1) und radeln geradeaus weiter in die Lechwiesenstraße. Hier lohnt sich ein weiterer Stopp für eine Rast oder eine Badepause – einfach nach rechts über die Brücke zur Floßlände mit ihrem kleinen Kiosk, nebst Bootsverleih und Erholungsgelände.

Via Claudia Auf der Lechwiesenstraße geht es nun stets in Flussnähe entlang des Lechs. Wir folgen dem Verlauf der einstigen Via Claudia, der berühmten Römerstraße, die der römische Kaiser Claudius vor fast 2000 Jahren auf einer Länge von 517 Kilometern von Verona über Bozen und Füssen nach Augsburg bauen ließ. Neben uns blitzt immer wieder das blaue Wasser des Lechs auf. Am liebsten würde man reinspringen und sich mittreiben lassen. Nach dem Gut Dessau wendet sich der Weg vom Fluss ab und wir erreichen wieder Burggen. Zunächst geht es durch das Dorf und die Schwarzeckstraße auf bekanntem Hinweg zurück, dann bleiben wir geradeaus und folgen der Beschilderung nach Schongau durch den Wald. Nach der Überquerung der B 17 haben wir die Möglichkeit, uns eine Erfrischung an der Milchtankstelle des Biohofs Jocher zu gönnen. Gleich danach treffen wir an der großen Marktoberdorfer Straße im Gewerbegebiet auf den Ortsrand von Schongau. Ein Abstecher nach rechts in die Altstadt ist sehr lohnenswert und absolut zu empfehlen, in die Altstadt geht es aber noch einmal bergauf – etwas Akkuleistung sollten wir übrig haben. Ansonsten queren wir für die Rückfahrt nach Altenstadt die Straße und radeln hinter dem Fast-Food-Restaurant mit dem gelben M der Beschilderung folgend zunächst durch das Gewerbegebiet und dann auf der Sonnenstraße nach Altenstadt. Dort biegen wir links in die St. Michaelstraße ein, die uns zur Basilika zurückbringt.

Mittelalterjuwel

Altenstadt hat seinen Namen nicht von ungefähr: Hier stand das alte Schongau, bis es im 13. Jahrhundert an den Lech verlegt wurde. Vor allem die romanische Basilika aus der Zeit um 1200 ist durch ihre ergreifende Schlichtheit wunderschön. Seltenheitswert hat die Darstellung des großen Chorbogenkreuzes. Sie zeigt Christus nicht als Leidenden, sondern als König mit Goldreif.

Das neue, heutige Schongau wurde auf die Halbinsel verlegt, die vom Lech umflossen war. Damit wollte man den Lechübergang der wichtigen Salzstraße zwischen Reichenhall und Kempten kontrollieren. Der Lech fließt inzwischen an der Stadt vorbei, aber die sehr hübsche, fast völlig von einer intakten Stadtmauer umwehrte Altstadt ist erhalten geblieben. Einige der Wehrgänge und Stadttore kann man besichtigen. Sehr schön ist auch das freistehende Ballenhaus am Marienplatz. Es diente einst als Warenlager, heute ist darin das Rathaus.

Immer wieder belohnen uns herrliche Panoramablicke

Mit Leichtigkeit im Pfaffenwinkl und Werdenfelser Land

4 Von Hohenpeißenberg nach Schongau

Im Klosterland

mittel | 48 km | 575 Hm | 4 Std.

Tourencharakter
Eine Tour auf Stadtstraßen, Landstraßen mit wenig Autoverkehr, geteerten oder ungeteerten Radwegen und Feldwegen über die Moränenhügel des Voralpenlandes, die immer wieder unsere Muskeln oder unsere Akkus fordern.

Ausgangs- und Endpunkt
Hohenpeißenberg, Bahnhof

GPS
47.78914, 10.99957

E-Ladestation
Hohenpeißenberg: Rathaus; Peiting: Hauptplatz; Schongau: Rathaus

Anfahrt
ÖPNV: von München oder Schongau mit der BRB nach Hohenpeißenberg (nicht mit dem Bahnhof von Peißenberg verwechseln!); PKW: Autobahn A 95, Ausfahrt Sindlsdorf, auf der B 472 nach Hohenpeißenberg, im Ortszentrum den Schildern »Bahnhof« folgen, Parkplätze am Bahnhof

Einkehr
Gasthof Hetten in Hohenpeißenberg (Di Ruhetag), Hotel Gasthof Negele in Hohenfurch, mehrere Möglichkeiten wie der Lechwirt in Schongau

Information
www.hohenpeissenberg.de, www.peiting.de, www.schongau.de

Mit Elektromotor-Unterstützung radeln wir durch das hügelige, weite und unverbaute Bauernland links und rechts des Lechs. Kulturelle Höhepunkte wie die Wallfahrtskirche St. Leonhard im Forst, Altenstadt und Schongau liegen auf der Strecke.

Um den Hohen Peißenberg Wir beginnen unsere Radtour am Bahnhof von Hohenpeißenberg und fahren die Bahnhofstraße in weiten Schleifen bergauf. Schon sind wir über das E-Bike glücklich, denn 60 Höhenmeter müssen wir bewältigen, ehe wir auf die Hauptstraße von Hohenpeißenberg treffen und dieser nach links folgen. Einen abgetrennten Radweg gibt es trotz des beachtlichen Verkehrs nicht, aber immerhin ist ein Teil der breiten Straße für uns Radler reserviert. Wo die geschlossene Bebauung endet, wendet sich die Hauptstraße in einem weiten Bogen nach

links. Wir halten uns jedoch geradeaus, bewundern den riesengroßen Gasthof Hetten und fahren dann in einem weiten Rechtsbogen um die Neubausiedlung Hetten herum. Am anderen Ende der Siedlung beginnt die Forster Straße, der wir für gut zwei Kilometer folgen. Dann biegen wir an einem Waldrand links ab, der große Wegweiser schickt uns Richtung Forst.

Das Klosterland Bis fast hinüber zum Lech fahren wir nun durch ein Land, in dem es wenig Dörfer gibt. Die Bauern leben in Weilern mit zwei, drei oder vier Bauernhöfen. Bis heute hat das den Vorteil, dass das Land, das sie bewirtschaften, in unmittelbarer Nähe der Höfe liegt. Früher war das nur möglich, weil sie über Jahrhunderte hinweg in Frieden lebten. Einst waren die Bauern Untertanen der Klöster Wessobrunn oder Rottenbuch. Deren Land wurde im Gegensatz zum Grundbesitz adeliger Grundherren nie vom Krieg verwüstet. Durch die Weiler Faistenau und Rohrmoos kommen wir nach Linden. Hier wartet eine Überraschung auf uns. Rechts direkt neben der Straße steht ein riesengroßer Lindenbaum. Der

Die 800–900 Jahre alte Marienlinde bei Wessobrunn ist ein Naturdenkmal.

Peißenberg ist als Bergwerksort entstanden, das Bergbaumuseum kann man besichtigen.

kleine Bildstock mit einer Muttergottesfigur verschwindet förmlich in dem gewaltigen Stamm mit einem Umfang von fast zehn Metern. Sein Alter wird auf 800 bis 900 Jahre geschätzt, nach ihm haben auch die Höfe in Linden ihre Namen erhalten: Lindenbauer, Lindengeiger und Lindenkramer. Das weist darauf hin, dass der Baum bei der Landnahme im Mittelalter schon gestanden hat. Unsere Fahrt geht im Auf und Ab auf der Straße weiter nach St. Leonhard im Forst, der einzigen größeren Gemeinde.

Der Viehpatron und ein Malergenie Die Kirche ist dem hl. Leonhard geweiht, dem himmlischen Schutzpatron der Tiere. In der Kirche finden wir Deckenfresken mit Bildern aus seinem Leben. Vor allem das große Bild über dem Kirchenschiff verdient Beachtung. Es stammt von Matthäus Günther, der gar nicht weit von hier 1705 in Tritschenkreut unterm Hohenpeißenberg geboren wurde. Seine Bilder finden wir in mehr als 40 Kirchen im süddeutsch-bayerischen und im Tiroler Raum. Er beeinflusste die süddeutsche Barockmalerei nachhaltig. 1769 malte er das große Deckenfresko in St. Leonhard. Es zeigt Maria mit den drei christlichen Tugenden und am Rand Szenen aus dem Leben des Kirchenpatrons. Charakteristisch für ihn ist, dass er nicht

Die Pfarrkirche St. Leonhard im Forst ist für ihre bezaubernden Fresken bekannt.

nur großen Dingen Beachtung schenkt, sondern auch das ganz alltägliche Leben zeigt: Ein Hase sitzt gut versteckt neben einem Felsen, daneben ruhen sich Schafe aus oder Pferde weiden im Gras. Auf die Arbeiten dieses herausragenden Barockkünstlers werden wir überdies in Schongau und vor allem auf dem Hohenpeißenberg bei einem Abstecher nach unserer Radrunde treffen. Von St. Leonhard aus fahren wir noch einen guten Kilometer nach Norden, um dann nach dem Weiler Berchtold links abzubiegen. Nördlich von uns liegt jetzt das wasserreiche Tal des Schlittbaches mit dem alten Kloster Wessobrunn, das der Legende nach von Herzog Tassilo III. 735 gegründet wurde. Es taucht immer wieder zwischen den Bäumen auf. In Pentscher stoßen wir auf eine Querstraße, die wir etwas rechts versetzt überqueren. Wir fahren nun einen weiten Linksbogen, um in Gmain auf eine breitere Straße zu treffen. Wir folgen ihr nach rechts. Bei den ersten Häusern des Dorfes Birkland biegen wir in die Staatsstraße rechts ein und passieren die Häuser von Birkland, das keinen richtigen Ortskern besitzt. Das nächste Dorf wäre Aich mit seiner Anna Kirche, in der sich ein Hochaltar von Johann Baptist Zimmermann befindet. Wer ihn besuchen will, fährt ein kurzes Stück den flachen Berg zur Kirche hinauf. Wir biegen noch vor den Häusern von Aich der Radwegmarkierung folgend links ab.

Der Hl. Leonhard ist der Schutzpatron der Tiere, und so finden wir viele tierische Details in der Kirche.

Über den Lech Durch den Gumpengraben geht es schließlich steil abwärts, dann stehen wir plötzlich vor dem verschlossenen Tor einer Kläranlage. Wenn auch das Radwegschild fehlt – wir sind trotzdem richtig. Auf dem ziemlich überwachsenen Weg fahren wir nach rechts um die Anlage herum, um bei der ersten Gelegenheit nochmals rechts in den Auwald hinein abzubiegen. Das Waldstück ist keine 50 Meter breit, dann stehen wir vor dem Laufwasserkraftwerk Klein Kinsau, eines der 22 Kraftwerke, die das Wasser des Lechs zur Stromerzeugung nutzen. Wir überqueren den Fluss auf der Staumauer, fahren nach rechts zur Staats-

Kinsau mit der Pfarrkirche St. Matthäus liegt schon auf der westlichen Lechseite.

straße und folgen ihr nach links leicht bergauf in den Ort Kinsau. Dabei passieren wir den Schlosswirt, der leider nur abends geöffnet hat, und biegen dann links in die Hohenfurcher Straße ein.

Lech am Laufwasserkraftwerk Klein Kinsau

Durch den Lechrain Jetzt sind wir nach Süden durch den Lechrain unterwegs. Der Lechrain ist ein Landstreifen westlich des Lechs, der sich von Rain am Lech an Augsburg vorbei bis zu den Bergen hinzieht. Es war und ist eine typische Grenzregion, das sagt schon der Name, denn »Rain« bedeutete im Althochdeutschen einfach »Grenze«. Wir radeln also über die Felder des Lechrains und erreichen dann leicht abwärts Hohenfurch, das sich quer zur Bundesstraße B 17 entlang der Schönach entwickelt hat. Von hier aus bietet sich ein Abstecher nach Altenstadt mit seiner romanischen Basilika an. Dafür folgen wir dem gut markierten Radweg zuerst dem Bach entlang Richtung Schwabniederhofen. Gleich nach der Querung der Bahn biegen wir nach links. Aufwärts über eine kleine Höhenstufe geht es nun weiter nach Altenstadt. Rechts sehen wir die großen Gebäude der Franz-Josef-Strauß-Kaserne, in der Fallschirmspringer ausgebildet werden. Über die Schongauer Straße und die Kirchenstraße erreichen wir das romanische Gotteshaus, um einen Blick in die Kirche zu werfen. Weite Rundbögen tragen das Gewölbe über dem dreischiffigen Innenraum. Im Chorbogen hängt der »Große Gott von Altenstadt«, ein eindrucksvolles Kreuz aus dem frühen 13. Jahrhundert, das Christus nicht leidend, sondern als König darstellt. Nach dem Besuch der Kirche folgen wir der Radwegbeschilderung »Schongau« über den Friedhofsweg, die Schäfgasse und den Köllenweg. Dieser bringt uns über die Bundesstraße, dann folgen wir der Schönlinderstraße nach rechts. Wo einseitig die Häuser enden, beginnt links ein Rad- und Fußweg. Er führt uns an der Hangkante entlang und wir genießen die Aussicht auf die Schongauer Altstadt. Nach dem Friedhof biegen wir rechts ab und erreichen wieder die Schönlinder Straße, die uns nach links zur großen Marktoberdorfer Straße leitet. Dort folgen wir dem Radweg auf der linken Seite bergab zum Kreisverkehr. Jetzt geht es rechts an den Schulen vorbei und dann freuen wir uns erneut über die Schubkraft unseres Motors, denn bergauf erreichen wir so komfortabel den Frauenberg und dahinter die Altstadt von Schongau.

Lohnende Extraeinheit

Wer am E-Bike genug Kraftreserven hat, kann noch den Hohen Peißenberg erobern. Dafür überquert man bereits in Hohenbrand die B472 und radelt auf der Klausenstraße zur Hauptstraße in Hohenpeißenberg. Ein Stück nach rechts, dann geht es nach links knapp zwei Kilometer und gut 200 Hm auf der Bergstraße hinauf. Oben lockt das Gasthaus Bayerischer Rigi mit seiner berühmten Aussichtsterrasse. Der Höhepunkt sind die beiden aneinandergebauten Kirchen. Die Wallfahrtskirche St. Maria mit den Deckenfresken von Matthäus Günther erreicht man durch die Pfarrkirche. Die Fresken verknüpfen die Herrlichkeit des Himmels mit dem irdischen Leben, sie gehören zu den schönsten barocken Deckenmalereien in Oberbayern.

Schongau und der Hl. Geist Nachdem wir bereits in St. Leonhard Matthäus Günther kennengelernt haben, lassen wir uns seine Fresken in der Schongauer Pfarrkirche Mariä Himmelfahrt auch nicht entgehen. Sie erzählen von einem Ereignis, das sogar bis Rom vorgedrungen ist. Den Heiligen Geist in Menschengestalt abzubilden war schon seit dem späten Mittelalter unüblich – 1745 hatte das Papst Benedikt XIV. durch ein Dekret

Von Weitem erkennt man die hügelige exponierte Lage der Schongauer Altstadt.

sogar ausdrücklich verboten. Als nun beim Neubau der Schongauer Kirche 1748 das Gerüst entfernt wurde, war der Skandal da. Im Chor sah man Maria als Braut. Der Bräutigam war kein Geringerer als der Heilige Geist in der Gestalt eines eleganten jungen Mannes. Das war eine offene Auflehnung gegen Rom! Das Dumme an der Sache war nur, dass man das so einfach nicht ändern konnte. Man hätte sowohl ein neues Gerüst aufbauen als auch den Maler zur Umarbeitung überzeugen müssen. Das wäre viel zu teuer geworden. Trotzdem meldete der Pfarrer pflichtbewusst die Angelegenheit nach Rom. Aber dort ist sie wohl in Vergessenheit geraten, denn man hat nie mehr etwas davon gehört. So dürfen wir uns heute noch an dieser sehr seltenen Darstellung erfreuen. Nach einem Bummel durch die Altstadt – vielleicht mit einer Kaffeepause am Marienplatz im Ballenhaus, dem ehemaligen Lagerhaus der Stadt – geht es weiter nach Peiting. Dazu fahren wir an das nördliche Ende des langgestreckten Marienplatzes und biegen nach rechts in die Weinstraße ein. Unter der Stadtmauer hindurch geht es steil abwärts zum Bahnhof. Dort folgen wir rechts der großen Straße bis zu ihrem Ende, überque-

ren erst dann das Bahngleis und gleich anschließend den Lech. Nun geht es in einer Linkskurve auf der Peitinger Straße weiter, diese verlassen wir jedoch gleich nach links auf einen Radweg, der uns in Flussnähe und dann parallel zur großen Autostraße sicher nach Peiting führt.

Wer es in die Altstadt hinaufgeschafft hat, freut sich über den schönen Marktplatz und die Cafés rund um das Ballenhaus.

Peiting Die Schongauer Straße bringt uns zum Hauptplatz von Peiting. Scharf nach links in die Bachstraße abbiegend erreichen wir rechts durch die Freistraße die Bahnhofstraße. Am Ende des Bahnhofsareals überqueren wir die Gleise und schwenken dann sofort in den Lindersmahdweg ein, auf dem wir schließlich die B 472 überqueren. Nach der Brücke geht es links abwärts parallel zur Bundesstraße. Wir fahren sicher abgetrennt an dieser entlang, bis wir etwa 400 Meter nach dem Weiler Hohenbrand durch einen Tunnel die Seite wechseln. Auf der anderen Seite nehmen wir nicht den breiten Bauweg, sondern gleich darauf die alte Straße nach rechts. Sie bringt uns zur bereits bekannten Straße am Bahnhof. Nun nur noch nach rechts und wir erreichen auf ihr unseren Ausgangspunkt.

5 Von Bad Kohlgrub zur Wieskirche

Links und rechts der Ammer

mittel | 43 km | 450 Hm | 3.45 Std.

Ausgangs- und Endpunkt
Bad Kohlgrub, Bahnhof

GPS
47.667901, 11.057278

E-Ladestation
Bad Kohlgrub: am Eingang zum Kurpark neben der Tourist-Info; Bad Bayersoien: am See

Anfahrt
ÖPNV: von München über Murnau nach Bad Kohlgrub; PKW: Autobahn A 95, Ausfahrt Murnau, weiter nach Bad Kohlgrub. Im Ort mehrere Parkplätze, sehr guter Parkplatz in der Erlestraße P1

Einkehr
An der Wieskirche gibt es gleich zwei ausgezeichnete Gaststätten: Gasthof Moser und Gasthof Schweiger. Außerdem findet man bei Saulgrub das Gut Acheleschweig.

Information
www.ammergauer-alpen.de

Über sanfte Moränenhügel führt die größtenteils einsame Rundtour von Bad Kohlgrub über die Ammer ins Trauchgau, dem Gebiet rund um die Wieskirche. Auf der Königsstraße geht es dann durch herrlichen Bergwald am Fuß des Hohen Trauchbergs zurück.

Moorbaden in Bad Bayersoien Wir beginnen unsere Radtour am Bahnhof in Bad Kohlgrub und radeln auf der Bahnhofstraße zur großen Hauptstraße, der wir nach rechts durch den Ort folgen. In der Rechtskurve passieren wir die Kirche und ein kurzes Stück später verlassen wir die Hauptstraße nach rechts in die St.-Rochus-Straße. Sie bringt uns zu den Bahngleisen, die wir queren, um gleich danach links zur Kapelle St. Rochus einzubiegen. Die Kapelle ist dem Pestheiligen Rochus geweiht, das erklärt die Lage etwas außerhalb des Ortes. An dem kleinen Gotteshaus

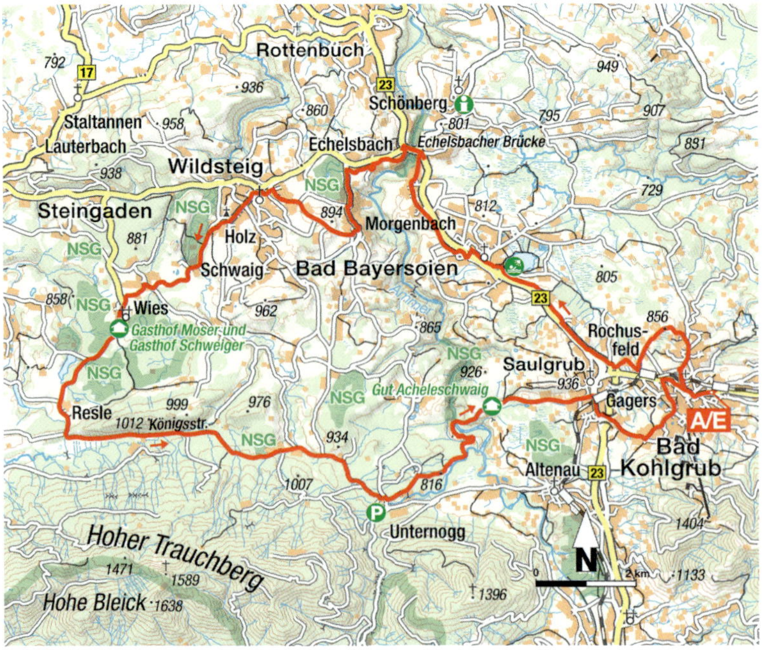

Einsam liegt die Wieskirche traumhaft schön vor den Trauchgauer Bergen

biegen wir rechts ein und bleiben dann an der Wegverzweigung links, weiter in Fahrtrichtung. An der nächsten Weggabelung folgen wir der Radwegbeschilderung nach links, aber wenige Pedalumdrehungen später verlassen wir die Radwegbeschilderung und halten uns erneut links. So erreichen wir Hinterkehr. Zwischen den ersten Häusern radeln wir durch, beim letzten Bauernhof werden wir in einer Linkskurve um die Stallungen geführt. Dahinter geht es auf einem Feldweg aufwärts. Mit schönster Aussicht auf die nahen Ammergauer Alpen radeln wir genussreich ein Stück in südlicher Richtung. Bevor wir die große Umgehungsstraße erreichen, biegen wir rechts in den Feldweg ein, nun ist Bad Bayersoien nur mit einem gelben Wanderschild markiert. Der Feldweg wird schließlich zu einem kleinen Wiesenpfad, der bergab über den Mühlbach führt. Kurz nach der einsamen Saulgrubmühle sind wir jedoch schon wieder auf einem breiteren Weg unterwegs, der uns zur großen B 23 leitet. Nach rechts geht es auf einem Radweg (Schild »Bad Bayersoien«) weiter. An der nächsten Brücke bleiben wir auf unserer ursprünglichen Seite. Der Weg wird kurz zu einem Pfad, aber gleich darauf sind wir schon wieder auf einem geteerten landwirtschaftlichen Weg un-

Tourencharakter

Eine Tour meist auf Feldwegen und Radwegen. Die Beschaffenheit des Untergrunds ist sehr unterschiedlich und erfordert einiges Geschick. Wiesenpfade und steinige Pfade, auf denen man mal schieben muss, kommen ebenfalls vor. Dazwischen kurze und sogar ein knackiger Anstieg. Etwas Orientierung ist gefragt, denn wir verlassen manchmal bewusst den ausgeschilderten Radweg. Dafür begleitet uns nur ganz wenig Straßenverkehr. Eine Bachquerung an einer seichten Furt ist nötig, nach Hochwasser ist das aber nicht möglich.

Die Maria mit dem Jesuskind im barocken Gewand finden wir in der Kapelle in Holz am Jakobsweg.

terwegs, der uns mit schöner Aussicht zum Bayersoiener See und in den gleichnamigen Ort bringt. Ein Abstecher zum Seeufer lohnt sich immer, vor allem im Sommer, um im gesunden Moorwasser zu baden.

Über die Ammerschlucht Durch Bad Bayersoien geht es auf der Hauptstraße weiter. Wir passieren das Bierling Heimatmuseum und biegen dann am Marienbrunnen links in die Ludwigstraße (Schild »Rottenbuch«) ab. Auf der anderen Seite der B 23 halten wir uns rechts und radeln der Radwegbeschilderung folgend durch Gschwendt mit seiner hübschen Holzkapelle und durch Echelsbach, das der großen Brücke über die Ammer ihren Namen gegeben hat. Dahinter geht es noch einmal über ein Feld und am nächsten Bauernhof führt der Radweg links an diesem vorbei in einer Schleife hinauf zur Echelsbacher Brücke. Schon auf diesem kurzen Streckenabschnitt können wir tief unten die Ammerschlucht und ihre Steilwände sehen. Wenn wir über die Brücke schieben, wird dieser Tiefblick noch viel besser. Es gibt zum Glück einen schmalen Brückenbereich, der den Fußgängern und Radfahrern vorbehalten ist. So können wir in Ruhe anhalten und auf die wild fließende Ammer blicken.

Versteckte Wege nach Wildsteig Am großen Kreisverkehr auf der anderen Seite ignorieren wir wieder einmal das Radwegschild, denn wir wollen nicht entlang der viel befahrenen Straße nach Wildsteig radeln. Stattdessen biegen wir ganz nach links in den Schleifmühlenweg und rollen durch die Bauernhöfe von Berg. An der nächsten Weggabelung folgen wir links den Wanderhinweisschildern nach Wildsteig. Durch ein kleines Waldstück, vorbei an zwei einsamen Häusern, queren wir in der Kurve einen Bach und schon geht es wieder aufwärts auf eine Wiese. Dort teilt sich der Weg – jetzt schalten wir die Gänge runter und die Akkuleistung nach oben. Wir halten uns rechts und folgen dem sehr holprigem Feldweg aufwärts. Auf ihm erreichen wir die kleine Landstraße am Schwaigsee. Der Moorweiher eignet sich ebenfalls für eine Badepause, im Sommer gibt es sogar einen Kiosk, perfekt für ein Eis, kleine Gerichte oder ein erfrischendes, kühles Getränk. Weiter geht es auf dieser Landstraße nach links. Wir erreichen Morgenbach und biegen nach dem Gasthof Mühlegger rechts ein. Nun folgen wir der Radwegbeschilderung nach Wildsteig über die Felder.

Durch das Moor zur Wieskirche In Wildsteig halten wir uns nun immer an die Beschilderung zur Wieskirche. Dafür biegen wir am Ortsanfang links ein, sausen auf der Riedstraße abwärts, nur um anschließend scharf links die steile Kirchbergstraße wieder hinaufzuradeln. An der Gemeindeverwaltung bleiben wir geradeaus und rollen schon wieder abwärts, wobei wir uns im Ortsteil Holz etwas rechts halten müssen. So passieren wir die sehr hübsche kleine Kirche von Holz, für die es sich übrigens lohnt, kurz abzusteigen. Sie ist wunderschön geschmückt, besonders bezaubernd finden wir auf dem Deckengemälde die kleine Taube, die von einer Weintraube nascht. Kurz nach der Kapelle halten wir noch einmal an, um das schöne Panorama auf das Moor zu genießen, in dem die Stillach so wild mäandert. Nun dauert es nicht mehr lange und die Radwegbeschilderung lotst uns im Zick-Zack durch die Feuchtwiesen, bis völlig unvermittelt hinter dem Weiler Schwarzenbach die prächtige Wieskirche auftaucht. Für die Besichtigung des Gotteshauses – übrigens ein UNESCO-Welterbe – sollte man sich wirklich Zeit nehmen. Die Kirche ist komplett im Stil des Rokokos ausgeschmückt und ein Gesamtkunstwerk der besten Künstler aus dieser Epoche. Zu nennen wären die Brüder Johann Baptist und Dominikus Zimmermann als Architekten, Stuckateure und Freskenmaler sowie der Bildhauer Anton Sturm.

Auf dieser Runde dürfen wir öfters herrliche Panoramen genießen.

Waldwege auf der Königsstraße Nach der Wieskirche radeln wir auf der kleinen Straße in südlicher Richtung weiter (Radwegschild »Resle«). Bald geht es in den Wald, an einer Lichtung halten wir uns links und passieren die Bauernhöfe von Resle. Wieder im Wald treffen wir dann kurz darauf auf die quer verlaufende Königsstraße, in die wir links einbiegen (Schild »Altenau«). Die Königsstraße verbindet Altenau und Trauchgau und hat ihren Namen von König Ludwig II., dem Märchenkönig, erhalten. Ihm gehörte ein kleines Jagdhaus in dem Gebiet, das er gerne besuchte. Außerdem fuhr er auf dieser Straße mit seiner Kutsche von München nach Neuschwanstein beziehungsweise Hohenschwangau. Für uns ist die Königsstraße wirklich geradezu majestätisch. Völlig still ist es in dem weit abgelegenen Wald mit seinem artenreichen Baumbestand. Manchmal queren wir eine Almwiese, auf der im Sommer ein paar Kälber grasen. Über den seichten Lähnbach mit seinem Geröll schieben wir hinüber. Der Untergrund ist jedoch gut befestigt, sodass wir nicht einmal die Schuhe ausziehen müssen. Dann erreichen wir einen kleinen Wanderparkplatz an einem Wegedreieck, unweit der Halbammer und des Forsthauses Unternogg – Letzteres ist bekannt, da es viele Jahre eine beliebte Einkehrmöglichkeit war. Außerdem übernachtete in dem historischem Gebäude König Ludwig II. mehrmals auf seinen Ausflügen in die Berge. Anstatt zum Forsthaus zu radeln, verlassen wir erneut den offiziellen Radweg und biegen für wenige Meter nach rechts in Richtung Altenau/Forsthaus, nur um gleich wieder links in den nächsten Forstweg einzubiegen (verbeultes Wanderschild »Kammerl«).

Stille Waldwege weit abseits von Dörfern erwarten uns am Rückweg.

Historisches E-Werk, Scheibum und Saulgrub Wieder sind wir völlig einsam im Wald unterwegs. Im leichten Auf und Ab und über einige Kurven erreichen wir den Kanal, in dem das Wasser aus der Halbammer zum Kraftwerk Kammerl geleitet wird. Wir queren den Kanal und folgen links dem Feldweg zum historischen Kraftwerk an der Ammer, das ab 1905 die Ammergaubahn von Murnau nach Oberammergau mit Strom versorgte. 2013 wurde es stillgelegt, aber ein Neubau soll sehr viel höhere Leistung liefern. Gleich danach queren wir die Ammer. Die Sandbänke sind ideale Rastplätze, wir beobachten viele Kajakfahrer, die vor der Ammerschlucht noch einmal Pause machen. Das Gebiet an der Ammerbrücke wird Scheibum genannt. Der Name stammt von den scheibenförmigen Vertiefungen, die Steine durch Wasserwirbel in den Untergrund gefräst haben. Wer den großen Felsdurchbruch sehen möchte, muss die Räder stehen lassen und etwas flussabwärts wandern. Wohl dem, der jetzt eine Pause eingelegt und noch genügend Energie im Akku hat, denn von der Brücke geht es nun auf der Straße sehr steil bergauf zum Gut Acheleschwaig. Wer Hunger hat, kann dort das Wirtshaus Acheleschwaig besuchen. An der Kapelle folgen wir der kleinen Straße nach rechts und kommen fast eben am Rand der großen Gschwenderfilz vorbei nach Saulgrub hinein.

Für die Besichtigung der Wieskirche sollten wir uns Zeit nehmen – Fahrradschlösser nicht vergessen!

Über Kraggenau An der großen Hauptstraße in Saulgrub widersetzen wir uns erneut der Radwegbeschilderung nach Bad Kohlgrub und radeln stattdessen nach rechts. Wir queren die Gleise und biegen dann links in den Kraggenauer Weg ein, jetzt ist Bad Kohlgrub wieder ausgeschildert. Zunächst aufwärts radeln wir über den Tunnel der Umgehungsstraße und erreichen Kraggenau mit seinen schönen Bauernhäusern. Dort biegen wir links ein und halten uns nach dem Ort an der Weggabelung rechts. Mit einem letzten Bergauf für heute erreichen wir aussichtsreich die ersten Häuser von Bad Kohlgrub im Ortsteil Linden. Nach links, an der evangelischen Kirche vorbei, bringt uns die Badstraße wieder zur Hauptstraße im Ort. Nun nur noch nach rechts und wir erreichen auf ihr bald unseren Hinweg und somit unseren Ausgangspunkt.

In guter Tradition

Acheleschwaig war ursprünglich eines der großen Güter des Klosters Ettal. Bei der Säkularisation fiel es an den bayerischen Staat, der es hauptsächlich zur Zucht von Militärpferden nutzte. 2006 hat die Familie Fischer die Reste des Gutes erworben und aufwendig renoviert. Nach alter Wirtshaustradition wurde das Gasthaus mit der Landwirtschaft verbunden und ein Hofladen eröffnet, in dem man sich mit den Produkten des Hofes versorgen kann (Fr & Sa).

6 Staffelseerunde mit Sonnenbichel

Wasser, Wald, Wiesen und weite Aussicht

mittel | 42 km | 600 Hm | 4 Std.

Ausgangs- und Endpunkt
Murnau, Bahnhof

GPS
47.682449, 11.193256

E-Ladestation
Murnau: Oberland Sports in der Petersgasse während der Öffnungszeiten, dort kann man auch ein E-Bike ausleihen; Uffing: Seerestaurant Alpenblick; bei einem Abstecher nach Seehausen: Gasthaus Stern

Anfahrt
ÖPNV: mit dem Zug nach Murnau; PKW: Auf der Garmischer Autobahn A 95, Ausfahrt Murnau, Parkplätze direkt am Bahnhof von Murnau

Einkehr
Das Strandcafé Alpenblick in Uffing liegt direkt an der Strecke und hat einen sonnigen Biergarten und eine Aussichtsterrasse. In der Marktstraße in Murnau gibt es jede Menge für Leib und Magen, von der italienischen Eisdiele über eine kultige Lounge und das traditionelle Wirtshaus bis hin zum klassischen Kaffeehaus.

Information
www.murnau.de

Um den Staffelsee zu radeln gehört zu den schönsten Radtouren in Oberbayern. Mit dem E-Bike können wir jedoch unseren Radius vergrößern, um noch Bad Bayersoien und vor allem den Aussichtspunkt Sonnenbichel zu besuchen.

Der Staffelsee und seine Inseln Wir beginnen unsere Radtour am Bahnhof in Murnau und radeln in südlicher Richtung an der Bahnstation vorbei. Am Ende des Parkplatzes beginnt ein Radweg (Schild »Staffelsee«), zuerst parallel zu den Gleisen und dann rechts durch die Bahnunterführung abwärts. Vorsicht, der Weg ist steil und kurvig. Bei Gegenverkehr sollten wir schieben. Unten angekommen, halten wir uns links und radeln auf dem Seewaldweg immer in Ufernähe am See entlang. Unsere Straße wird rasch ein ungeteerter autofreier Weg, der herrlich ruhig am Seeufer entlangführt. Auf dieser ebenen Strecke werden unsere Akkus definitiv nicht gefordert. Wir passieren die Insel Wörth und die zwei kleinen Inseln Große und Kleine Birke. Insgesamt gibt es sieben Inseln im Staffelsee. Die Insel Wörth ist die größte und geschichtsträchtigste. Bei Ausgrabungen entdeckte man

Funde aus der Bronzezeit und von den Kelten. Selbst den Römern gefiel der See, wenn auch vielleicht nicht so sehr wegen der lieblichen Landschaft, sondern aus strategischen Gründen, denn sie errichteten auf Wörth eine Befestigungsanlage. Um 740 entstand darauf ein Kloster, dass sich zwar 400 Jahre später wieder auflöste, die Kirche hat jedoch bis heute Bestand. Wir radeln das ganze Südufer entlang und dann geradeaus ins Moor hinein. Jetzt sind wir im streng geschützten Naturschutzgebiet des Obernacher Moores unterwegs. Der Weg wendet sich nach rechts, ab hier ist er nur für Fußgänger freigegeben. Aber es ist kein Problem zu schieben, denn so können wir die Natur umso mehr genießen. Im Frühjahr blühen die Moorwiesen üppig, unter anderem wachsen hier Lila Knabenkraut, Sumpfdotterblume, Blaue Iris, Schlangen-Knöterich und Wollgras. Dazwischen steht immer wieder das schöne Läusekraut, das ganz zu Unrecht seinen Namen trägt. Im Spätsommer wuchern Blutweiderich und Mädesüß hüfthoch. All das würden wir nicht sehen, wenn wir schnell daran vorbeiflitzten. Es versteht sich von selbst, dass wir auf dem Weg bleiben. An wolkenlosen Tagen kann es hier schnell warm werden, denn der

Tourencharakter

Eine Tour überwiegend auf ungeteerten Radwegen, die man zum Teil etwas vorsichtiger radeln sollte. Die Runde führt nur über wenige Nebenstraßen. In der Hälfte kräftige Steigung zum Sonnenbichel. Dort hinauf führt nur ein Wiesenpfad. Es gibt zwei steile Abfahrten, die behutsam gefahren werden müssen. Zwischendurch kommen einige Höhenmeter zusammen. Badesachen nicht vergessen.

Linke Seite: Die Ach im Naturschutzgebiet Obernacher Moos queren wir.

dunkle Moorboden speichert die Wärme und das eher spärlich wachsende Moorgebüsch spendet keinen Schatten. Wir überqueren den kleinen Kühbach mit seinen dunklen Mooraugen und kommen an eine Weggabelung, an der wir uns rechts halten. Gleich darauf queren wir den größeren Bach Ach und folgen weiter dem Feldweg bis zur geteerten Straße. Für die kurze Staffelseerunde würden wir rechts abbiegen. Wir jedoch wollen noch weiter bis Bad Bayersoien und zum Sonnenbichel und deswegen geht es für uns nach links.

Durch den Wald Wir passieren den Bauernhof Obernach und dann geht es in den Wald hinein. Die Luft schmeckt ganz sauber und wir freuen uns über den mit dickem Moos bewachsenen Waldboden. Abwechslungsreich passieren wir dichten Jungwald und kerzengerade lange Baumriesen. Dazwischen liegen einige Wiesen, die schon fast Almflächen gleichen. Wir folgen nun zunächst der Beschilderung nach Bad Kohlgrub, dafür müssen wir an der T-Kreuzung nach links. Aber schon nach wenigen hundert Metern biegen wir rechts ein und halten uns immer an die Radwegbeschilderung nach Bad Bayersoien. Am Wegedreieck geht es links und dann folgen wir rechts der Radwegbeschilderung, die uns zu einer kleinen Straße führt. Auf ihr geht es nun im leichten Auf und Ab nach links und an der Kapelle von Kirmesau verlassen wir den Wald.

Das letzte Stück geht es zu Fuß am Rand der Sonnenbichelwiese entlang zum Aussichtspunkt. Vom Jägerstand links hat man die schönste Sicht, zur Sonnenliege muss man noch etwas höher hinauf.

Neben der Brücke über die Ach gibt es auch eine Furt, aber da sind nasse Füße garantiert.

Bad Bayersoien und sein See Weiter geht es in Fahrtrichtung, nach den ersten Häusern wird später unser Radweg am Wegedreieck nach rechts weiterführen. Vorher lohnt es sich jedoch, der Straße zu folgen, um noch den Bad Bayersoiener See zu besuchen. In der Höhe des Parkhotels können wir die Räder abstellen und die wenigen Meter zum See zu Fuß auf einem Pfad über die Feuchtwiesen wandern. Der Soier See, wie ihn die Einheimischen nennen, ist ein echtes Naturjuwel. Fast völlig von Moorflächen eingerahmt, gibt es einen wunderbaren Uferweg, der an vielen Ruhezonen vorbeiführt und dabei auch die eine oder andere Badestelle nicht auslässt: im Sommer eine herrliche Gelegenheit, seine Badesachen auszupacken. Zurück geht es bis zum Wegedreieck in Kirmesau und dann links der Straße nach (Radwegschild »Schönberg«)

Aufwärts zum Sonnenbichel Nach dem Bauernhof wendet sich der Radweg am Waldrand nach links und führt in einer Rechtskurve in den Wald. Im leichten Auf und Ab folgen wir dem Hauptweg und erreichen die Ach. Es gibt eine Furt und zum Glück auch eine kleine schmale Brücke, über die wir unsere Räder vorsichtig hinüberschieben. Auf der anderen Seite schalten wir die Gänge runter und den Akku nach oben, denn der Weg steigt kräftig an. Die erste Abzweigung nach rechts (Schild »Kropfleitenrundweg«) lassen wir unberücksichtigt. Erst an der zweiten Abzweigung verlassen wir den offiziellen Radweg und biegen rechts ein (Schild »Aussicht Sonnenbichel«). Immer weiter leicht aufwärts geht es auf einem herrlichen Panoramasträßchen vorbei an den Höfen von Sonnenbichel. Die Sicht reicht weit über das Achtal auf die Berge im Ammergau: ein Streckenabschnitt zum Genießen! Nach den Häusern radeln wir geradeaus in den Wald hinein, der Weg ist nun wieder holprig. An der Wegegabelung halten wir uns rechts und mit einer weiteren kleinen

Auffahrt kommen wir an die Sonnenbichelwiese. Links oberhalb von uns sehen wir einen großen Jägerstand, dort hinauf wollen wir. Dafür radeln wir zunächst am Fuße der Wiese entlang. Bevor wir wieder in den Wald kommen, können wir nach links noch ein Stück dem Feldweg folgen. Dann lassen wir am besten die Räder stehen und steigen auf einem Wiesenpfad zum Sonnenbichel hinauf. Die schönste Aussicht hat man vom Jägerstand, aber etwas höher steht am oberen Wiesenrand eine Ruheliege neben dem Jägerdenkmal. Für uns ist dies der schönste Platz für eine mitgebrachte Brotzeit.

Vor dem Jägerdenkmal finden wir eine Ruheliege, ein Traumplatz für eine Pause.

Schöffau und Uffing Nach der Pause zurück auf den Rädern radeln wir in ursprünglicher Richtung weiter, also nach Osten. Gleich nach dem Waldstück fällt unser Weg steil ab. Jetzt ist Vorsicht geboten! Zwischendurch ist geteert, das verleitet zum Laufenlassen, aber im unteren Teil geht der Weg relativ abrupt wieder in einen geschotterten Untergrund über, also bitte langsam fahren. Mit schöner Aussicht passieren wir die Höfe von Kirnberg und stoßen dahinter auf die Autostraße. Dieser folgen wir nach rechts, weiter bergab bis in die Ortsmitte von Schöffau. Am Dorfbrunnen halten wir uns links und folgen zunächst noch ein Stück der Radwegbeschilderung nach Uffing. Leicht bergauf verlassen wir so Schöffau auf der Autostraße. Für uns unverständlich, ist dies bis Uffing der offizielle Radweg. Uns jedoch stören die Autos und der LKW-Verkehr, sodass wir an der zweiten Möglichkeit die Radwegbeschilderung ignorieren und rechts der Beschilderung nach Sallach/Brand folgen. Vor den Häusern von Sallach wendet sich das Sträßchen nach rechts und führt dann steil abwärts zu den Häusern von Brand. Hier geht es nun nach links weiter und wieder sind wir auf einer genussreichen Strecke unterwegs. Über Harberg geht es bis nach Uffing, und auf der ganzen Strecke dürfen wir uns über schönste Aussicht freuen. In Uffing folgen wir der Straße in Kurven bergab über die

Ach und auf der anderen Seite nach rechts wieder bergauf in die Ortsmitte. Wir bleiben geradeaus auf der Murnauer Straße und halten uns stets an die Radwegbeschilderung nach Murnau.

Vergnüglicher Abstecher

Wer möchte, kann am letzten Teil des Weges von den Gleisen wieder abwärts zum Schloss Rieden radeln und dann weiter über Seehausen fahren. Das lohnt sich vor allem für den schönen Gasthof Stern in der Ortsmitte von Seehausen. Interessant ist die Strecke aber auch für alle, die noch einmal im Staffelsee baden wollen. Meist sind auf diesem Weg aber viele Wanderer unterwegs und da haben wir, gerade an Wochenenden, keinen Platz mit unseren Rädern.

Staffelseefreuden Bevor wir Uffing verlassen, lohnt übrigens nach rechts der Abstecher hinunter ans Staffelseeufer über die Kirchtalstraße. Dort steht der beliebte Gasthof Alpenblick, eine tolle Adresse, um einzukehren. Zurück in der Murnauer Straße geht es für uns links in die Galveigenstraße, an deren Ende wir den Gleisen der Bahn folgen. Jetzt werden unsere Akkus wieder geschont, es geht flott und eben dahin. Wir überqueren mehrere Straßen und erreichen weiter geradeaus die Neubausiedlung von Seehausen. Immer in Bahnnähe fahren wir durch die Römerstraße. An deren Ende überqueren wir nur noch die große Hauptstraße und stehen nach gut 40 Kilometern wieder auf dem Bahnhofsvorplatz von Murnau.

Schöner als mit einem Sonnenuntergang am Staffelsee kann diese Runde kaum enden.

7 Von Ohlstadt nach Garmisch-Partenkirchen

Durch das Loisachmoor

leicht | 49 km | 220 Hm | 3.45 Std.

Tourencharakter
Eine sehr leichte Tour auf landwirtschaftlichen Wegen, die jedoch teilweise geschottert und steinig sind. Es ist ein kleiner Anstieg zu meistern, ansonsten nur kurze Anstiege, etwa bei Brückenauffahrten. Der Akku hilft vor allem, da oft ein Talwind weht. Nach Regenfällen können die Wege feucht oder sogar überschwemmt sein.

Ausgangs- und Endpunkt
Ohlstadt, Rathaus

GPS
47.6334, 11.2341

E-Ladestation
Unterwegs ist es nicht so einfach, denn in Garmisch gibt es zur Zeit keine offiziellen Stellen.

Anfahrt
ÖPNV: Strecke München–Garmisch, Haltestelle Ohlstadt; PKW: Autobahn A 95, Ausfahrt Murnau/Kochel, weiter in Richtung Murnau, unmittelbar nach dem Gut Schwaiganger links nach Ohlstadt, einige Parkplätze in der Ortsmitte

Einkehr
Viele Einkehrmöglichkeiten gibt es vor allem in Garmisch. Weitere Gasthäuser liegen in Oberau, Eschenlohe (Taverna Athena und Gasthof Zur Brücke) oder am Ende der Tour in Ohlstadt (Gasthaus zur Post).

Information
www.gapa.de

Am Fuße des Estergebirges radeln wir durch das herrliche Loisachtal und Loisachmoor, immer mit freiem Blick auf die Zugspitze. Ohne störenden Autoverkehr geht es nach Garmisch-Partenkirchen, für dessen Besichtigung wir uns etwas Zeit nehmen sollten.

Die Villa des Malerfürsten Unsere Radtour beginnt am Maibaum vor dem Rathaus von Ohlstadt. Auf der von-Kaulbach-Straße kommen wir an der Villa des Münchner Malerfürsten Kaulbach vorbei, die heute der LVA Unterfranken gehört. Das Atelier des Malers kann besichtigt werden (April–November Mi & Sa 16–18 Uhr). Nach der Villa geht es links in die Boschetstraße und schon radeln wir über Felder und die Bäche Kaltwasserlaine und Greiterbach zu den Sportplätzen am Waldrand. Wir wenden uns nach rechts und passieren den Freizeitplatz. Auf der ungeteerten Forststraße geht es zwischen den Viehweiden und dem Wald langsam aufwärts. Nach einem Holzlagerplatz wird es etwas steiler, aber an der Schranke haben wir es geschafft. Stellenweise aussichtsreich geht es schließlich abwärts, unser Weg endet an einem Wanderparkplatz oberhalb von Eschenlohe.

Eschenlohe Hier radeln wir rechts über die Walchenseestraße an die Loisach hinunter. Eschenlohe hat eine lange Geschichte, führte doch bereits im ersten Jahrhundert nach Christus eine der alten Römerstraßen von Italien nach Augsburg hier vorbei. Über dem Ort – dort wo heute die Nikolauskapelle steht – lag im Mittelalter die Burg der Grafen von Eschenlohe. Für uns geht es abwärts bis in Sichtweite der großen blauen Loisachbrücke. Wir bleiben jedoch auf der ursprünglichen Uferseite und radeln vor der neuen Brücke links in die Mühlstraße. An ihrem Ende, an der Kreuzung von fünf Straßen, bleiben wir erst geradeaus und halten uns dann links in die Römerstraße. Das Hinweisschild »Sieben Quellen« zeigt, dass wir richtig sind. So verlassen wir Eschenlohe leicht aufwärts.

Linke Seite: Brücke am Lauterbach im Loisachmoor

Sieben Quellen Oben auf einem Hügel angekommen, liegt eine richtige Bilderbuchlandschaft vor uns. Weit streckt sich das Tal über das Moor ins Werdenfelser Land hinein, überragt vom Wettersteingebirge mit der Zugspitze. Abwärts kommen wir zu den Sieben Quellen, einem eindrucksvollen Naturschauspiel. Hier stößt eine wasserführende Schicht aus dem Estergebirge an die Oberfläche. Gewaltige Mengen Wasser in schillernden Blau- und Grüntönen ergießen sich dabei in das Pfrühlmoor und bilden die Mooraugen. Selbst an heißen Sommertagen ist dieses Wasser eiskalt.

Römerstraße Immer weiter auf der ungeteerten Straße, der ehemaligen Römerstraße, fahren wir am Fuße des Estergebirges entlang. Dabei passieren wir dramatisch anmutende Schuttreißen, die sich vom Berg abgelöst haben. Immer wieder tauchen Quellbäche auf, die mit ihren unterschiedlichen Wasserfarben faszinieren. Die Vegetation ist wunderschön und wir genießen die herrlich entspannte Fahrt. Schließlich queren wir den etwas größeren Lauterbach. Jetzt geht es über die Felder und wir passieren den Oberauer Golfplatz. An der Loisachbrücke haben wir Oberau erreicht. Noch vor der Brücke geht es links auf den Radweg, der nach Garmisch-Partenkirchen beschildert ist. Wir folgen dem Zickzack der Straße und sind schon wieder völlig einsam unterwegs. Weite Almwiesen mit ihren in lockerem Abstand stehenden Fichten und Tannen verändern die Landschaft. Im Sommer weiden hier Kühe, aber auch Schafe und Ziegen. Schließlich queren wir das breite steinige Bachbett des Kuhfluchtgraben und erreichen an einem Parkplatz die Sportplätze von Farchant.

Die Loisach bei Eschenlohe an den Sieben Quellen

Von Farchant nach Garmisch-Partenkirchen Nun geht es nach links zur Abwechslung ein kurzes Stück in der Frickenstraße auf geteertem Untergrund. Die Straße endet unweit der Loisachbrücke. Auch diesmal queren wir sie nicht, sondern halten uns links und umrunden das kleine Elektrizitätswerk in die Esterbergstraße. Wir folgen nun der Radwegbeschilderung zum Freibad von Farchant. Am Freibad halten wir uns dann rechts am Eingangsgebäude vorbei, dahinter beginnt wieder ein Uferweg, den man im ersten Moment nicht sieht. Jetzt hat uns die Loisach wieder und im leichten Auf und Ab bewältigen wir die letzten Kilometer auf dem Uferweg. Unweit der Tunnelausfahrt der Schnellstraße treffen wir dann auf eine größere Autostraße, die wir geradeaus queren. Auf der Straße Loisachauen geht es nun zwischen einem Gewerbegebiet und der Loisach weiter. Kurz darauf radeln wir leicht aufwärts, überqueren dabei die

Die Radwege an den Ufern der Loisach sind auf beiden Seiten sehr unterschiedlich und dadurch abwechslungsreich.

Bundestraße und sind immer noch am Rande des Gewerbegebiets unterwegs. Jetzt folgen wir der Radwegbeschilderung nach links auf einen kleinen Pfad, der im Zickzack um eine Gärtnerei führt, um sich schließlich an den Gleisen nach rechts zu wenden. Die letzten Kilometer nach Garmisch führen nun wieder über herrlich aussichtsreiche Wiesen nach Süden. Vor uns liegen viele urige Holzscheunen, dahinter ragen die Kirchtürme der beiden Martinskirchen von Garmisch auf. Den Abschluss bildet das Wettersteingebirge mit der markanten Alpspitze und der Zugspitze.

Stadtbesichtigung An den ersten Häusern stoßen wir auf die Partnach, der wir nach rechts folgen. Links durch die Längenwangstraße erreichen wir Garmisch am Parkplatz des Kurparks. Egal wohin es uns bei der Stadtbesichtigung verschlägt, an diese Stelle werden wir im Anschluss zurückkommen. Wir befinden uns übrigens im Ortsteil Garmisch, der Ortsteil Partenkirchen ist ein gutes Stück östlicher, während die Skisprungschanze und das ehemalige Olympiagelände südöstlich von uns liegen. Aber vom Kurpark sind wir schnell in der Fußgängerzone und können auch die beiden Martinskirchen – die Neue und die Alte – besuchen.

Neue Loisachwege Dann treten wir die Rückfahrt an. Es geht vom Kurpark wieder zurück auf die andere Seite der Partnach und auf dem Weg, den wir gekommen sind, in die Gegenrichtung. Erst kurz nach der Gärtnerei müssen wir aufpassen. Wenn wir die Bundesstraße überquert haben, biegen wir scharf nach links ab und queren gleich darauf auf einer kleinen Brücke die Loisach. Auf der anderen Seite setzen wir den Weg nach rechts fort. Die Straße wendet sich nach links, wir bleiben geradeaus und queren am neuen und auffälligen Spielplatz den Lahnen-

Garmisch-Partenkirchen ist das Ziel der Radtour, wer dort einkehrt, kann nach Lademöglichkeiten für sein E-Bike fragen.

wiesgrabenbach. So bleiben wir rechts haltend dem Loisachufer treu. Unter der Bahn hindurch schieben wir besser, zumindest heißt es Kopf einziehen. Gleich danach queren wir vorsichtig die Straße, die Unterführung ist für uns leider nicht geeignet. Die Loisach gibt weiterhin die Richtung vor. Für uns ist es herrlich, dass beide Uferwege so verschieden sind und die Radtour deshalb abwechslungsreich bleibt. Schließlich treffen wir in Farchant auf die Brücke. Unmittelbar davor beginnt ein schmaler Weg, sodass wir weiterhin auf der westlichen Flussseite bleiben. Das ist zwar nicht der offizielle Radweg, aber er lässt sich gut befahren und sorgt weiter für viel Abwechslung – Fußgänger haben natürlich Vorrang! Wieder geht es über Almweideflächen, wir erreichen eine schöne weite Kiesfläche, an der wir gut ans Wasser gelangen. Schließlich führt der Feldweg etwas weg vom Fluss und mündet am Pitzikotbach in eine Querstraße. Kurz nach links, und dann gleich wieder rechts geht es nun an den Gleisen in Oberau entlang zur Loisachbrücke. Diesmal queren wir sie, biegen dann jedoch gleich links in die Straße zum Klärwerk ein, wo unser Weg wieder in einen ungeteerten Uferweg übergeht. Wir radeln mal mehr und mal weniger nah am Flussufer entlang und genießen noch einmal das Loisachmoor mit seinen Auwasserbecken, in denen sich Biber einen Lebensraum gesucht haben. Schließlich kommen wir an einem großen Viehgatter (bitte wieder schließen!) zurück nach Eschenlohe. Für den Rückweg nach Ohlstadt bleiben wir weiterhin auf der rechten Uferseite. Von der Loisachbrücke aus radeln wir in die Heubergstraße. Noch bevor die Bahn unseren Weg kreuzt, wendet sich dieser nach rechts und wir radeln entlang der Gleise durch Weidewiesen nach Norden. Im Ortsteil Buchenried biegen wir rechts in den Buchenweg, dann gleich links in die von-Kühlmann-Straße und erneut rechts in den Greutweg. So vermeiden wir die stark befahrene Autostraße und kommen über das Warmfreibad von Ohlstadt zur Badstraße, in der wir rechts zur Boschetstraße, die wir vom Hinweg bereits kennen, gelangen. Jetzt sind es nur noch wenige Meter zum Startplatz zurück.

Kirchenkunst pur

In Eschenlohe sollten wir nicht vergessen, die wunderschöne, 1765 nach den Plänen des großen Barockbaumeisters Johann Michael Fischer erbaute Kirche St. Clemens zu besuchen. An der Innenausstattung haben bedeutende Künstler wie Johann Baptist Straub (Hochaltar) und Ignaz Paur (Fresken) mitgearbeitet.

8 Um den Hohen Kranzberg

Ein Mittenwald-Klassiker

mittel | 25 km | 300 Hm | 2.30 Std.

Tourencharakter
Technisch sehr einfache Tour, meist auf breiten, unbefahrenen Forstwegen mit nur wenigen Anstiegen. In und um Mittenwald muss man mit Straßenverkehr rechnen. Es gibt eine Bademöglichkeit.

Ausgangs- und Endpunkt
Mittenwald: Parkplatz Schwarzenfeld/Mountainbiker-Parkplatz P3 unterhalb der Karwendelbahn

GPS
47.437459, 11.268712

E-Ladestation
Gasthaus Ferchensee und Goas-Alm bieten bei Verzehr Lademöglichkeiten an.

Anfahrt
ÖPNV: mit dem Zug nach Mittenwald, vom Bahnhof nach Süden, links über die Gleise und dann rechts in den Mühlenweg bis zur Innsbrucker Straße. Auffahrt erfolgt dann minimal nach links versetzt; PKW: über die Garmischer Autobahn A 95, am Autobahnende weiter auf der B 2 von Garmisch nach Mittenwald. Der Parkplatz P3/Schwarzenfeld ist ausgeschildert.

Einkehr
Gasthaus Ferchensee, Goas-Alm an den Buckelwiesen, Gröblalm bei Mittenwald oder im Anschluss in Mittenwald

Information
www.alpenwelt-karwendel.de

Die Tour beeindruckt vor allem durch ihre Berg- und Badeseen, Bäche, zwei Schlösser, Buckelwiesen und die lebendige Mittenwalder Altstadt. Eine überaus kurzweilige und abwechslungsreiche Runde, die überdies nicht zu anstrengend ist.

Erster See Vom Parkplatz P3 radeln wir an der Abzweigung zur Karwendelbahn vorbei und bleiben in der Straße Im Schwarzenfeld. Wir queren den Bahnübergang und biegen dann rechts in die große Ortsdurchfahrtsstraße, die Innsbruckerstraße, ein. Sofort überqueren wir die junge Isar und schalten nach nur wenigen Metern den Gang runter und den Turbo zu, denn es geht nach links aufwärts in die Leutascher Straße. Die ersten 350 Meter teilen wir noch mit allen Autofahrern, aber in der ersten Serpentine halten wir uns geradeaus in den nur für Anlieger freige-

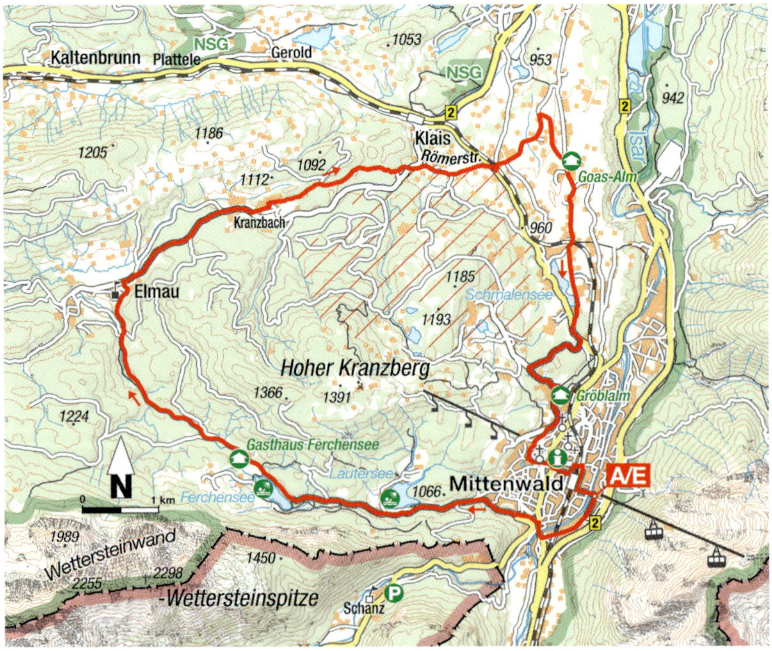

Im Ferchensee kann man im Sommer herrlich baden.

gebenen Forstweg. Nun steht der nächste längere, jedoch nicht besonders steile Anstieg bevor. Wir passieren einige Ferienhäuser, von deren Parkplatz wir einen schönen Blick auf Mittenwald erhaschen, dann geht es direkt in westlicher Richtung zum Lautersee. Die eigentliche Uferstraße ist jedoch Fußgängern vorbehalten, so bleiben wir für die Weiterfahrt auf der etwas oberhalb des Südufers gelegenen Zubringerstraße und genießen das herrliche Panorama über den Bergsee auf das Karwendelmassiv.

Mehr Seen Wir radeln auf dem Hauptweg weiter und verlieren auf dem Abschnitt zu unserem nächsten See, dem Ferchensee, schon wieder an Höhe. Hier finden wir unmittelbar neben der Strecke einige schöne Badestellen. Im Sommer sollte man sich die Abkühlung in diesem grün leuchtenden Bergsee nicht entgehen lassen. Er ist nicht so kalt, wie er aussieht! Wir passieren das Gasthaus Ferchensee und gut 800 Meter danach teilt sich unser Weg. Rechts geht es für gut konditionierte Mountainbikefahrer hinauf auf den

Alm mit Aussicht

Besonders lecker und gut für eine Pause gelegen ist die Goas-Alm in herrlicher Aussichtslage auf den Buckelwiesen. Vor dem Haus stehen Bierbänke, zu denen man sich im kleinen Hofladen bei der freundlichen Familie Sailer leckere Brotzeiten oder Kaffee und Kuchen holen kann. Dabei stehen natürlich die selbstproduzierten Ziegenkäsesorten oder das Ziegenmilcheis in vielen gängigen Sorten ganz oben auf der Speisekarte.

Auf der Goas-Alm dreht sich natürlich viel um den feinen selbstproduzierten Ziegenkäse.

Kranzberg. Wir bleiben jedoch links und halten uns gut 100 Meter weiter rechts, um fortan der Beschilderung »Rund um den Kranzberg« oder »Zum Schloss Elmau« zu folgen.

Hideaways in den Bergen Die Fahrt verläuft fast eben und so erreichen wir schnell das wunderschön gelegene Schlosshotel Elmau, das jedoch nur für Hotelgäste geöffnet hat. So passieren wir den Parkplatz und radeln nach rechts in die Elmauer Straße. Ihr folgen wir für ein gutes Stück, aber Achtung: Es sind auch Autos unterwegs. Die kleineren Wege links davon kann man zwar befahren, aber meist sind dort sehr viele Wanderer anzutreffen. Bald erreichen wir das nächste Luxushotel: Schloss Kranzbach. Es erinnert an ein Castle aus den schottischen Highlands, und das ist auch so gewollt. Die englische Aristokratin und Musikerin Mary Isabel Portman ließ es 1913 von den bekannten englischen Architekten Detmar Blow und Fernand Billerey entwerfen. Es sollte ursprünglich ein Gästehaus mit privatem Konzertsaal und Rasentennisplätzen für ihre zahlreichen Künstlerfreunde werden. Nach der Fertigstellung durchkreuzte der erste Weltkrieg diesen Plan und Miss Portman kam nie mehr in die Bergwelt zurück. Eine Zeitlang nisteten sich hier trotzdem viele illustre Künstler ein, und das Haus mit seinem Countrystyle diente auch als Filmkulisse. Über viele Jahre hinweg wurde es schließlich von der evangelischen Kirche als Freizeitstätte benutzt, bis es 2003 an einen Hotelbetreiber verkauft wurde. Nun erstrahlt Das Kranzbach als Wellnesshotel und öffnet seine Schlosstüren für die betuchten Gäste. Wenn wir auf die Hotelgäste und Spaziergänger Rücksicht nehmen, dürfen wir links in die Einfahrt zum Hotel radeln. Wir fahren geradeaus auf das Hauptgebäude zu und biegen dann noch vor dem Parkplatz links ein. So umrunden wir die Hotelgebäude und halten uns an der Wiese hinter dem Haus erneut links, nun am Waldrand entlang in den Wald hinein. Der etwas holprige Weg ist einfach netter zu befahren als die Mautstraße. Flockig geht es zu einem breiteren Forstweg und auf diesem rechts bergab zur Elmauer Straße.

Römische Spuren

Kurz bevor wir die ersten Buckelwiesen erreichen, können wir links einen kleinen Abstecher zur alten Römerstraße unternehmen. Mitten im Wald ist die gepflasterte Straße mit ihren Furchen der Karren deutlich in einem Hohlweg zu sehen.

Über die Buckelwiesen Wir überqueren die Straße und weiter geht es gleich darauf über die malerischen ersten Buckelwiesen.

Die Römerstraße bei Klais müssen wir nicht befahren, aber es ist sehr interessant zu sehen, wie tief sich die Radspuren in den Stein gegraben haben.

Das Hotel Kranzbach liegt einsam in dem kleinen Nebental.

Diese sind aus Bodenwellen entstanden, die am Ende der Eiszeit vom Gletscher durch das jahreszeitliche Vor- und Zurückrücken des Eises geformt wurden. Frostmusterböden sagt man dazu. Regen- und Schmelzwasser wurden, als die ersten Bäume standen, von diesen abgeleitet und so formten sich diese kleinen Buckel. Nach der Rodung der Wälder blieben sie zurück. Diese Landschaftsform ist so einzigartig, dass sie heute unter Naturschutz steht, und gerade in der Gegend um Mittenwald gibt es besonders viele davon.

Zur Goas-Alm Wir erreichen eine große Autostraße, die wir etwas nach rechts versetzt samt Bahnlinie queren, dann halten wir uns rechts. Dahinter sind wir wieder auf einsamen Wegen in Richtung Norden unterwegs. Wir passieren mit etwas Abstand einen Bauernhof und biegen kurz danach rechts ein. Etwas bergauf erreichen wir nun wieder in südlicher Richtung die Höhenstraße an der Goas-Alm. Hier können wir gut eine Pause einlegen und sogar regional einkaufen. Der selbstgemachte Ziegenkäse schmeckt hervorragend, seine Rohstofflieferanten stehen rund um das Haus auf den saftigen Buckelwiesen. Wer hier im Frühsommer radelt, erlebt eine einzigartige Blütenpracht.

Zurück nach Mittenwald Weiter folgen wir nun den Radwegschildern auf dem kleinen Sträßchen, Mittenwald ist gut aus-

geschildert. Mit einer fantastischen Sicht auf die imposanten Bergrücken und Felswände des Karwendels geht es gleich darauf abwärts. An der nächsten Wegkreuzung bleiben wir rechts, weiter den Berg hinab. Nach der Eisenbahnunterführung geht es links dem Schild »Gröblalm« nach. Wir passieren den Schmalensee und treffen auf die Staatsstraße, in die wir für ein kurzes Stück links einbiegen (Pfad neben der Straße). Am Schild »Kranzberg Wandergebiet« verlassen wir die Straße nach rechts. Jetzt haben wir hoffentlich noch etwas Energie im Akku, denn es geht wieder aufwärts durch den Wald. An der Kreuzung biegen wir links ein und erreichen die Gröblalm, in der wir zum Finale noch einmal gut einkehren können. Abwärts folgen wir nur noch dem Gröblweg nach links und genießen die Sicht auf Mittenwald. Der Gröblweg bringt uns hinunter bis in den Ortsteil Gries. Mit einem Links-rechts-Schwenk erreichen wir die Mathias-Klotz-Straße und damit den Anfang der Fußgängerzone. Einer Besichtigung des Obermarktes steht nun nichts mehr im Wege und auch die mit Fresken verzierte Pfarrkirche St. Peter und Paul verdient einen Besuch. Weiter geht es dann aber durch die Hochstraße in die Bahnhofstraße. Vor dem Bahnhofsgebäude halten wir uns links, queren die Gleise und folgen dann dem Mühlenweg. Nach links kommen wir in den Weidenweg und queren die Isar zurück zu unserem Parkplatz.

Mittenwald bietet uns am Ende der Tour viele Annehmlichkeiten: Eisdielen, Wirtshäuser und Cafés sowie einige interessante Sehenswürdigkeiten.

9 Zum Isarursprung

Quellen im Karwendel

mittel | 44 km | 480 Hm | 4 Std.

Ausgangs- und Endpunkt
Mittenwald: Parkplatz Schwarzenfeld/Mountainbiker-Parkplatz P3 unterhalb der Karwendelbahn

GPS
47.437459, 11.268712

E-Ladestation
Die meisten Restaurants in Mittenwald stellen bei Verzehr Lademöglichkeiten zur Verfügung. In Scharnitz darf man, wenn man einkehrt, im Café Länd laden.

Anfahrt
ÖPNV: mit dem Zug nach Mittenwald, vom Bahnhof nach Süden, links über die Gleise und dann rechts in den Mühlenweg bis zur Innsbrucker Straße. Auffahrt erfolgt dann minimal nach links versetzt; PKW: über die Garmischer Autobahn A 95, am Autobahnende weiter auf der B 2 von Garmisch nach Mittenwald. Der Parkplatz P3/Schwarzenfeld unterhalb der Karwendelbahn ist ausgeschildert.

Einkehr
Unterwegs nur im Sommer an der Kastenalm Getränke und Brotzeiten, in Scharnitz mehr Möglichkeiten, zum Beispiel Café Länd

Information
www.alpenwelt-karwendel.de

Ein einmaliges Erlebnis für eine Radtour. Wir sind inmitten der mächtigen Bergwelt, radeln jedoch ohne Anstrengung unterhalb der felsigen Gipfel durch eines der schönsten Karwendeltäler. Auf dem Weg erreichen wir dabei die Quellen der Isar.

Heuschober Vom Parkplatz P3 radeln wir an der Abzweigung zur Karwendelbahn vorbei und bleiben in der Straße Im Schwarzenfeld. Unmittelbar vor dem Bahnübergang biegen wir links auf den Wiesenweg und folgen nun der Beschilderung nach Scharnitz. Immer neben den Gleisen geht es zwischen vielen Heuschobern hindurch, bis wir kurz vor dem Grenzübergang zwischen Deutschland und Österreich auf die große Bundesstraße treffen. Auf der Straße radeln wir kurz nach rechts und queren dann gleich nach links auf einer Brücke die Isar. Das ist der schönere verkehrsberuhigte Weg. Wir sind nun im lichten Wald der Isarauen unterwegs. An der Wegkreuzung biegen wir links ab, an diese Stelle werden wir dann später zurückkommen. Gleich darauf halten wir uns erneut links und schon sind wir auf österreichischem Gebiet.

Durch Scharnitz Wir passieren den großen Wanderparkplatz und dann geht es erneut über die Isar. Jetzt bleiben wir rechts auf dem Radweg, der uns gleich darauf unter der Autostraße hindurchführt. Neben uns plätschert die blassblaue Isar, der wir bis zur nächsten Brücke folgen. Dort treffen wir auf die Ortsdurchgangstraße, auf der wir kurz nach rechts fahren, dabei die Isar queren, um gleich darauf links in die Hinteraustraße einzubiegen. Die Karwendeltäler sind nun ausgeschildert. Wir erreichen die Parkplätze (alternativer Startplatz) und das große moderne Informationszentrum des Naturparks Karwendel, das wir natürlich besichtigen können.

Tourencharakter

Technisch sehr einfache Tour, meist auf breiten, unbefahrenen Forstwegen mit nur wenigen, dafür stetigen Anstiegen. In Mittenwald und Scharnitz muss man mit etwas Straßenverkehr rechnen. Die Tour lässt sich abkürzen. Schlösser zum Absperren nicht vergessen.

Hinterautal Ab jetzt folgen wir einfach der Radwegbeschilderung ins Hinterautal. Dabei queren wir gleich erneut die Isar und anschließend einen Seitenarm, den Karwendelbach. Nun steigt die Straße langsam an, wir sind froh über die Schubkraft unserer Akkus. Aber beim ehemaligen Gasthof Wiesenhof haben wir schon das meiste geschafft. Der Weg führt zwar weiter stetig bergauf, aber eher geringfügig, da reicht wohl die unterste Stufe aus. Bald schon kommen wir zu einem Aussichtspunkt mit einem Gedenkkreuz, der Gleirschhöhe. Jetzt sind wir weit

Linke Seite: Das neue Informationszentrum des Naturparks Karwendel

Gletscherbonbonfarben präsentiert sich die noch junge Isar und genauso kalt ist sie.

oberhalb der Isar und blicken in die Isarschlucht hinunter. Gleich danach teilt sich die Straße, wir bleiben links, rechts führt der Weg hinunter zur Gleirschklamm – eine Strecke, die sehr interessant für alle sportlich Motivierten ist. Sie führt einsam und mit schönen Ausblicken durch das Gleirschtal bis zur Möslalm, die bereits auf der Rückseite der Innsbrucker Nordkette liegt.

Wir bleiben der Isar treu und rollen mit herrlichen Ausblicken auf die Berge des Karwendels hinab zu ihr. Am Fluss stehen viele Steinmännchen, die Radfahrer und Wanderer errichten. Jedes Jahr im Frühling werden sie von den Hochwassern der Schneeschmelze zerstört und wieder neu aufgerichtet. Dann erreichen wir den kleinen liebevoll angelegten Alpengarten. Unter dem Motto »Ehre und Achtung dem, der Leben spendet. Wasser ist Leben« ist den etwas oberhalb liegenden Quellen der Isar ein ganzes Areal gewidmet. Schul- und Kindergartenkinder der Gemeinde Scharnitz gestalten hier eifrig mit und betreuen einige Projekte. So werden zum Beispiel gemeinsam mit der Stadt Plattling Bäume gepflanzt. Immerhin ist die Isar der Hauptfluss Bayerns, der erst im niederbayerischen Platt-

Porta Claudia

Die Porta Claudia von Scharnitz gehört zu den großen Wehrbefestigungsanlagen Österreichs, die im Dreißigjährigen Krieg entstanden sind. Ihren Namen hat sie der Landesfürstin Claudia von Medici zu verdanken, die angesichts der Einweihung 1634 persönlich anwesend war. So groß, wie sie einst war, ist sie heute natürlich nicht mehr. Unter Napoleon wurde die Anlage erheblich zerstört. Mit einem Abstecher zu Fuß lässt sie sich kurz vor Scharnitz besichtigen.

ling in die Donau mündet. Hier lassen wir die Räder stehen und erreichen zu Fuß die Quellen, die sich auf mehrere Wasseraustrittsstellen verteilen. Eiskalt und glasklar sammelt sich das Wasser zu Bächen, die dann vereint zum vorderen Quellfluss in den großen Lafatscherbach fließen. Erst ab hier heißt der Fluss, der uns begleitet hat, Isar.

Abkürzung

Wer die Tour abkürzen möchte, kann sie auch direkt in Scharnitz bei den Wanderparkplätzen (gebührenpflichtig) beginnen.

Finale Zurück auf den Rädern ist es nicht mehr weit bis zum Talschluss. Dort liegt auf einer Lichtung die Kastenalm, die nur während der Sommermonate bewirtschaftet ist. Dann aber erwarten uns deftige Tiroler Brettljausen mit Speck und Käse. Nach der Rast rollen wir zunächst, bis auf den kleinen Gegenanstieg, völlig entspannt zurück nach Scharnitz.

Über den Riedboden Wie auf dem Hinweg radeln wir durch den Ort und queren beim Tunnel erneut die Isar. Mittenwald ist nun wieder ausgeschildert. Nach dem Parkplatz und der Paintball-Anlage bleiben wir aber auf der jetzigen Isarseite. Diesmal fahren wir durch den Riedboden zurück. Die malerische Strecke führt durch lichten Wald mit vielen Kiefern. Dazwischen liegen Almwiesen, von denen man das Glockengeläut einiger Schafe und Ziegen vernimmt. Mit der Sonne im Rücken erreichen wir an den Tennisplätzen den Ortsrand von Mittenwald. Wir queren die Isar und biegen links in die Riedkopfstraße ein. Sie bringt uns zur großen Innsbruckerstraße, die wir geradeaus queren. Wenige Pedalumdrehungen später queren wir auch die Gleise und sind auf bekanntem Weg. Nun ist es nicht mehr weit und wir sind zurück am Ausgangspunkt.

Aus vielen Quelltöpfen entspringt die Isar.

Der Sylvensteinsee ist ein künstlicher Speichersee, auch wenn er sich perfekt in die Landschaft einpasst.

Mit Antrieb durch den Isarwinkel

10 Von Wolfratshausen nach Süden

Alpenblick für Faulenzer und Schwimmer

mittel | 60 km | 400 Hm | 5 Std.

Tourencharakter
Rundtour überwiegend auf Dammwegen (Achtung bei Nässe!), Fahrradwegen und kleinen Nebenstraßen mit wenig Autoverkehr. Nur in Wolfratshausen und Penzberg gibt es etwas Stadtverkehr. Kurze Anstiege sind in Beuerberg und zum Hoisl-Bräu zu bewältigen.

Ausgangs-, und Endpunkt
Wolfratshausen, Bahnhof

GPS
47.9146, 11.4266

E-Ladestation
Unterwegs keine

Anfahrt
ÖPNV: S7 von München nach Wolfratshausen, Endstation; PKW: Autobahn A95, Ausfahrt Wolfratshausen, der Bahnhof ist ausgeschildert. Es gibt viele Parkplätze am Bahnhofsgelände.

Einkehr
Unterwegs gibt es mehrere Möglichkeiten, etwa den Gasthof zur Mühle in Beuerberg direkt an der Loisach. Der Hoisl-Bräu mit toller Aussicht liegt an der Strecke.

Information
www.wolfratshausen.de

Ideal für Faulenzer: Erst ausschlafen, dann kommt man zum Mittagessen zum Hoisl-Bräu. Danach geht es zum Eizenberger Weiher. Dort hält man einen Mittagsschlaf, schwimmt eine Runde und genehmigt sich vor der Rückfahrt einen Eiskaffee in Penzberg – und das Ganze mit Alpenblick.

Zum Hoisl-Bräu Vom Bahnhof von Wolfratshausen fahren wir auf der Sauerlacher Straße Richtung Stadtmitte. Wir überqueren die Loisachbrücke und finden unmittelbar dahinter einen Uferweg. Diesem folgen wir, bald unter dem Autobahnzubringer hindurch, bis zu seinem Ende. An diese Stelle werden wir später zurückkommen. Wir biegen links ab, überqueren auf der Schepperbrücke die Loisach und zweigen wenige Meter weiter, vor der nächsten Brücke, rechts auf einen Weg ab. Dieser führt nun lange, über alle Abzweigungen hinweg, stets am Loisachkanal entlang. Er endet an einer Straße am Ortsrand von Beuerberg. Hier biegen wir rechts ab, überqueren die Loisach und radeln dann links steil auf der Herrnhauser Straße aufwärts. Oben biegen wir links in die Kuglstadtstraße ab. Gleich darauf sehen wir links über einer Wiese die großen Bauten des alten Klosters. An der Straße Am Pfarranger können wir das Kloster mit einem Abstecher nach links besuchen, ansonsten überqueren wir den Pfarranger und verlassen das Dorf an der Freiwilligen Feuerwehr. Parallel zur Staatsstraße sind wir nun wieder auf einem Radweg, wobei wir kurz darauf die Straßenseite wechseln. Jetzt können wir Akkuleistung sparen, der ebene Weg war einst ein alter Bahndamm und bringt uns gemütlich nach Süden. Schließlich erreichen wir die Abzweigung zum ausgeschilderten Hoisl-Bräu. Jetzt geht es rechts kurz aufwärts, aber mit unseren E-Bikes ist das ein Kinderspiel. Nach einem halben Kilometer haben wir unser erstes Ziel, den Hoisl-Bräu, erreicht und können uns auf der Terrasse niederlassen. Der Hoisl-Bräu hat bis vor 50 Jahren sein eigenes Bier gebraut. Zur Wirtschaft, die es damals schon gegeben hat, ist noch ein Landhotel dazugekommen.

Königsdorf mit seiner Pfarrkirche St. Laurentius

Der weithin bekannte Name ist geblieben. Geblieben ist auch die einmalige Aussicht auf das Voralpenland und auf die Berge. Wir blicken von den Chiemgauer Bergen bis hinüber ins Allgäu, in der Mitte steht massiv und wuchtig die Zugspitze. Ein perfekter Platz für eine Einkehr, denn obendrein ist die Küche sehr gut.

Zur Badepause Nach der Rast geht es die Straße abwärts, die wir von der Terrasse des Gasthauses schon gesehen haben. Im Weiler Oberhof stößt sie auf eine Querstraße. Wir fahren rechts, halten uns an der Straßengabel links und passieren leicht bergab zwei Fischweiher. Gleich darauf sind wir nach einer Linkskurve beim Eizenberger Weiher, der auf einigen Landkarten auch Alter Weiher genannt wird. Hier haben wir uns ein Mittagsschläfchen verdient. Die Wiese am Badeplatz ist groß genug und Schatten gibt es auch. Abgesehen davon, dass wir danach noch gut in den See zum Schwimmen gehen können.

Die Bahn leitet uns Vom Weiher lotsen uns bereits die Radwegschilder nach Penzberg. Zunächst steuern wir jedoch Iffeldorf an. Dafür folgen wir zuerst weiter unserer Straße, halten uns dann immer leicht rechts, passieren den Golfplatz und überqueren auf einer Brücke die Autobahn. Abwärts treffen wir am Ortsrand von Iffeldorf auf die Kochler Straße, der wir bis zur großen Kreuzung nach rechts folgen. Wir überqueren Straße und Bahngleise und fahren dann in den Höhenrieder Weg, der unmittelbar nach den Gleisen links beginnt. Dieser bringt uns entlang der Bahn unter der Autobahn durch. Dann kommen wir zu einem Bahnübergang, auf dem wir das Gleis überqueren, um sofort wieder rechts abzubiegen. Der lange, gerade Radweg führt uns durch eine parkähnliche Landschaft am Rande der Bebauung von Penzberg. Dann treffen wir auf eine große Kreuzung, an der wir rechts in die Karlstraße abbiegen. Vorbei am sehr sehenswerten Campendonk Museum erreichen wir das Zentrum von Penzberg, perfekt für einen Cappuccino, zum Beispiel in der Eisdiele Il Buon Gelato (Ecke Karlstraße/Bahnhofstraße).

Im Innenhof des Klosters Beuerberg gibt es in den Sommermonaten ein Café.

Moorwege Nach dieser Rast folgen wir der Bahnhofstraße nach Norden. In die eher unscheinbare Christkönigkirche können wir einen Blick werfen, zwei ihrer Glasfenster sind berühmte Campendonk-Bilder. Gleich drauf erreichen wir einen Kreisverkehr. Wir wählen die erste Abfahrt nach rechts, die Straße Grube. Sie führt durch ein Gewerbegebiet und dann erreichen wir den Waldrand. Hier folgen wir rechts den Radwegschildern in den Zibetholzweg. So kommen wir völlig verkehrsberuhigt, einmal linkshaltend nach Untermaxkron. Dort folgen wir der Straße noch kurz nach rechts, nur um an der Pizzeria Italia Antica rechts auf einem Fußgängersteg die Loisach zu überqueren. Auf einem Trampelpfad geht es über das Feld zu der Fahrstraße, die an der Siedlung Hohenbirken vorbeiführt. Ihr folgen wir nach links. Die Feuchtwiesen, die uns gleich drauf umgeben, erfordern den erhöhten Bau der Straße. So passieren wir die Tennisanlage und stoßen auf eine Querstraße. Wir biegen rechts ein und benötigen erneut unsere Akkuunterstützung. Es geht bergauf, vorbei an den Höfen von Fletzen, zum Gut Nantesbuch, das in herrlicher

Der Eizenberger Weiher ist ein echter Geheimtipp für eine Badepause.

Allee bei Nantesbuch

Aussichtslage thront. Durch eine Allee geht es abwärts, aber bitte nicht zu schnell, denn wir biegen gleich darauf links in den Feldweg ein, der uns durch das idyllische Königsdorfer Moor führt. Immer dem Hauptweg folgend, wendet sich dieser dann nach links, passiert ein paar ehemalige Arbeiterhäuschen und mündet in eine Querstraße. Nun geht es nach rechts, am Gut Mooseurach vorbei und aufwärts nach Königsdorf.

Lust auf Einkehr oder Baden? Wer Hunger hat, kann in Königsdorf die Hauptstraße ansteuern. Schräg gegenüber der Kirche liegt der sehr gute Gasthof Hofherr mit einem netten kleinen Biergarten. Ansonsten radeln wir nicht bis zur Kirche, sondern biegen vorher in einer spitzen Kurve links in die Beuerberger Straße ein. Leicht bergab zweigen wir in der nächsten Rechtskurve links in die Sägstraße ein. Sie bringt uns zur größeren Autostraße, die wir geradeaus in den landwirtschaftlichen Weg queren. Jetzt geht es geradeaus alle Abzweigungen ignorierend über die Felder. Links von

Wahrhaft malerisch

Ein besonderes Highlight ist das Museum Penzberg mit der größten Sammlung Campendonk weltweit (Di–So & an Feiertagen, 10–17 Uhr). Campendonk, der von 1889 bis 1957 lebte, gehörte zu der Gruppe »Blaue Reiter« um Wassily Kandinsky und Franz Marc. Er malte als Erster Bilder mit dem Thema Bergarbeiterstadt Penzberg.

uns starten an Schönwettertagen die Segelflugzeuge vom nahen Flugplatz. Unser Radweg mündet in die B 11, nach links radeln wir für wenige Meter parallel, dann biegen wir erneut links ein und erreichen über Wiesen den Bibisee. Der ehemalige Baggersee wurde in ein schönes Badegelände umgewandelt. Wer möchte, kann hier schwimmen gehen.

Moränenhügel Am nördlichen Ende des Sees treffen wir auf den Campingplatz. Dort halten wir uns links und radeln nun in westlicher Richtung, der Beschilderung nach Oberherrnhausen folgend. An einer Scheune werden wir nach rechts geleitet. Wir kommen in den Wald und passieren aufwärts das Gut Babenstuben. Dort halten wir uns links, anschließend geht es schnurgerade im leichten Auf und Ab nach Oberherrnhausen. In der Ortsmitte wenden wir uns nach rechts und gelangen über die hügelige Moränenlandschaft in wenigen Minuten ins nächste Dorf Unterherrnhausen. Noch vor den ersten Häusern biegen wir links ein und rollen abwärts ins Loisachtal. Wir queren den Loisachkanal, die Stelle kennen wir, es geht durch Baierlach und anschließend queren wir auch die Loisach selbst. An der großen Ortsdurchgangsstraße von Eurasburg biegen wir rechts auf den Loisachradweg ein (er verläuft auf der anderen Straßenseite) und haben damit alle Steigungen hinter uns gelassen.

Alter Birnbaum im Königsdorfer Moor

Zurück nach Wolfratshausen Wir verlassen bald Eurasburg, dann wechselt unser Radweg auf die andere Straßenseite. Wir passieren Achmühle und treffen schließlich erneut auf die bereits bekannte Stelle vom Hinweg. Nun geht es auf gleichem Weg zurück zum Ausgangspunkt, dem Bahnhof von Wolfratshausen.

11 Von Wolfratshausen nach Reutberg

Zwei Städte und zwei Klöster

schwer | 61 km | 550 Hm | 4 Std.

Tourencharakter
Eine längere und deshalb schwere Tour auf geteerten und ungeteerten Radwegen, Feld- und Waldwegen mit unterschiedlichen Belägen sowie Nebenstraßen mit wenig Autoverkehr. Im Wald nach Dietramszell und nach Egling gibt es einige Anstiege.

Ausgangs- und Endpunkt
Wolfratshausen, Bahnhof

GPS
47.91433, 11.42662

E-Ladestation
Wolfratshausen: Loisachhalle; Dietramszell: Klosterschänke; Reutberg: Bräustüberl

Anfahrt
ÖPNV: von München bequem mit der S7; PKW: Autobahn A 95, Ausfahrt Wolfratshausen, den Hinweisschildern zum Bahnhof folgen, Parkplätze rund um den Bahnhof, in der Sauerlacher Straße oder hinter der Nantweiner Kirche.

Einkehr
Gasthof Aujäger in Puppling, Café Hanfstingl in Neufahrn, Gasthof Holzwirt in Ascholding, Klosterschänke Dietramszell, Klosterbräustüberl Reutberg – alle diese Gasthäuser sind beliebte Ausflugsziele. Am Kirchsee finden wir noch einen netten Kiosk.

Information
www.wolfratshausen.de, www.dietramszell.de

Das ist eine ideale Hochsommertour. Zunächst entlang der Isar und dann mit viel Schatten erreichen wir den berühmten Biergarten von Reutberg und ganz in der Nähe einen Badesee, wie er schöner nicht sein könnte. Abwechslungsreich und schattig geht es schließlich zum Ausgang zurück.

Zum Hl. Nantovinus Wir beginnen unsere Radtour in Wolfratshausen am Bahnhof der S7 des Münchner Verkehrsverbundes (MVV). Auf der Sauerlacher Straße geht es nun aus der Stadt, der Fußweg links ist auch für uns Radler freigegeben. Rasch erreichen wir den Friedhof von Wolfratshausen mit der Kirche St. Nantovinus. Diesen einzigartigen Kirchenpatron kennen vielleicht einige aus Franz von Kobells Erzählung »Der Brandner Kaspar«. Der Heilige war ein Rompilger, der hier unschuldig 1286 den Feuertod erlitt. Nach diesem Justizmord entstand eine bedeutende Wallfahrt. Aus den Spenden konnte man 1624 die prächtig ausgestattete Kirche St. Nantovinus bauen. Die verbrannten Knochenreste des Heiligen vermutete man im Hochaltar. Bei der großen Kirchenrenovierung vor einigen Jahrzehnten fand man sie mit deutlichen Brandspuren. Eine C14-Analyse bestätigte das Todesdatum, das über viele Jahrhunderte hinweg nur mündlich überliefert war. Wir finden den Heiligen als spätromanisches Sandsteinrelief, als Gemälde am Hochaltar und als barocke Figur.

Isarauen und Geretsried Nach der Besichtigung folgen wir weiter der Straße und biegen kurz vor der Isarbrücke links zur Flosslände hin ab. Dort, kurz vor dem Fluss, können wir unter der Straße durchfahren und finden uns dann auf dem Isarradweg, dem wir stets flussaufwärts folgen. Immer wieder, und das gilt für die gesamte Strecke entlang der Isar, ergeben sich schöne Ausblicke auf den wild fließenden Fluss. Wer will, kann sich abkühlen, es finden sich genügend Trampelwege zu flachen Uferstellen. Hier ist allerdings nichts überwacht, alles geschieht auf eigene Gefahr! An Farchet, einem Siedlungsgebiet, fahren wir

Der markante Baum am Veiglberg bei Egling ist eine Landmarke.

Die alte Flößerstadt Wolfratshausen liegt direkt an der Loisach.

vorbei und treffen auf den Loisach-Isar-Kanal, den wir mit einem Rechts-links-Schwenk auf einer schmalen Brücke überqueren können. Jetzt passieren wir Waldram, das während der NS-Zeit für die deutschen Arbeiter und Angestellten der großen Sprengstoff- und Munitionsfabrik gebaut wurde. Aus diesen Fabriken ist nach dem Krieg die Stadt Geretsried entstanden, die wir bald erreichen. Wir folgen den Schildern »Isarradweg«, sie führen uns mit einer Ausnahme bei der Schule immer zwischen der Bebauung und den Isarauen entlang. Allenthalben stehen noch die Zaunpfosten der ehemaligen NS-Industrieanlagen. Etwas später finden wir im Wald seltsame Hügel. Unter ihnen liegen bis heute die Bunkerreste dieser Zeit. Schließlich erreichen wir die schnurgerade Autostraße zur Tattenkofener Brücke. Ein Schild mahnt uns, hier abzusteigen und vorsichtig über die Straße zu schieben. Auf der anderen Seite der Straße biegen wir links ab und fahren mehr oder weniger parallel zu ihr zur Tattenkofener Brücke und überqueren auf ihr die Isar.

Herbstlaub ziert den Waldweiher bei Dietramszell, in dem man im Sommer prima baden kann.

Durchs Mühlthal nach Dietramszell Nach der Brücke biegen wir rechts auf den Radweg ab, der allerdings in Einöd endet. Wir folgen der Fahrstraße durch das Dorf und biegen am Ortsende rechts in Richtung Sägewerk ab. Hier beginnt ein Feldweg, der bei der Abzweigung nach Bairawies wieder auf die große Bundesstraße trifft. Wir queren sie, fahren in das Dorf hinein und biegen beim Café freiZeit rechts ab. Am Ortsende halten wir uns, der Beschilderung »Dietramszell« folgend, zweimal links und sind damit schon auf der Straße durch das Zellerbachtal. Abwechslungsreich führt sie durch den Wald, über Felder und Sumpfwiesen nach Leismühl und dann an der großen Untermühlthaler Säge vorbei auf die Straße nach Dietrams-

Für Geschichtsinteressierte

Wer mehr über die junge Geretsrieder Geschichte erfahren möchte, kann in der Stadt das sehr informative Museum besuchen. Es beleuchtet die Schreckensjahre der Nazizeit, die Anfangsjahre der Kommune und die Ankunft der Heimatvertriebenen.

zell. Dort links und mit wenigen Pedalumdrehungen sind wir an der berühmten Klosterkirche. Sie ist eines der Hauptwerke des Münchner Hofstukkateurmeisters und Malers Johann Baptist Zimmermann und lohnt auf alle Fälle einen Besuch. Ist die Zeit schon fortgeschritten und macht sich bereits ein knurrender Magen bemerkbar, so wäre auch die Klosterschänke unterhalb des Klosters eine Überlegung wert. Nicht nur die gute Küche ist zu loben: Innen sitzt man rustikal und gemütlich, aber auch der nach allen Seiten hin abgeschlossene Biergarten ist weithin bekannt.

Ein Kloster und eine Brauerei An der Klosterschänke vorbei führt auch unser Radweg aus dem Dorf, biegt jedoch von der Hauptstraße rechts ab, sodass wir direkt auf das letzte Haus des Dorfes treffen. Hier geht es links in den Wald hinein. Wir folgen bei allen Abzweigungen den Radwegsymbolen und sind um die Trethilfe unseres E-Bikes recht froh, denn es geht immer wieder kräftig bergauf. Gut, dass wir im schattigen Wald fahren! Schließlich erreichen wir Pelletsmühl, einen wunderschönen Bauernhof, auf dem das Recht liegt, das Wasser des Kirchseebachs zu nutzen. Dieses Recht wird noch wahrgenommen. Das Wasser treibt eine Turbine an, die immerhin Strom für 15 Familien liefert. So viel Kraft traut man dem Bächlein gar nicht zu! Wir fahren weiter

Wunderschöner alter Bauernhof in Pelletsmühl am Kirchseebach

Dunkle Gemäuer

Über das Bräustüberl und den Biergarten von Reutberg sollte man die Klosterkirche nicht vergessen. Sie wird nicht von Licht durchflutet wie andere Barockkirchen, sondern ist eher düster. Vor allem der Hochaltar verschwindet fast im Dunkel. Auf Wunsch der Stifterin sollte nämlich das Heilige Haus von Loreto bei Ascona nachgebaut werden. Im 17. Jahrhundert, als die Kirche in Reutberg errichtet wurde, gab es genügend Pilger, die Loreto bereits gesehen hatten. So baute man die Apsis der Reutberger Kirche genau nach deren Vorgaben – eben dunkel und nur von einem winzigen Fenster beleuchtet.

und treffen auf eine Querstraße, der wir nach rechts folgen. Vorbei an Reith erreichen wir den Babenberger Weiher mit seinen zwei Eulen, die aus einer Gabel eines dicken Baumstamms mit der Kettensäge herausgearbeitet wurden. Ein Stück weiter der Straße folgend, passieren wir die Abzweigung zum Kirchsee, die wir erst später einschlagen wollen. Dann haben wir unser Ziel Reutberg, ein Kloster samt Brauerei und Bräustüberl, erreicht. Auf dem großen Parkplatz finden unsere Räder sicherlich Platz. Direkt darüber ist der große Biergarten mit seinen gewaltigen Kastanien. In ihrem Schatten können wir nachsinnieren, was es mit dem Kloster und dem Bier auf sich hat. Das Kloster ist im Vergleich zu anderen Klöstern nicht sehr alt. 1618 wurde es von der Gräfin Anna von Pienzenau als Franziskanerinnenkloster gegründet. Die Erlaubnis zum Bierbrauen erhielten die Nonnen rund 60 Jahre später, seither sind Bier und Kloster untrennbar verbunden. Nach dem ersten Weltkrieg wäre die Brauerei fast geschlossen worden, da wurde auf Initiative des Pfarrers Daisenberger eine Genossenschaft gegründet, die das nötige Kapital aufbrachte, die Brauerei weiterzuführen. Bis heute wird die Brauerei als Genossenschaft erfolgreich in Gang gehalten und konnte sich gegen das große Brauereisterben in den 90er-Jahren des letzten Jahrhunderts behaupten.

Zweimal baden Nachdem wir uns leiblich im Biergarten und seelisch in der Klosterkirche gestärkt haben, können wir uns auf das Baden freuen. Dazu radeln wir die Straße, auf der wir gekommen sind, etwa 300 Meter zurück und biegen dann links Richtung Kirchsee ab. Wir überqueren den Kirchseebach, den wir schon an der Pelletsmühle kennengelernt haben, und erreichen an den Parkplätzen die Wege zum Kirchseeufer. Einen Radlerparkplatz gibt es nicht, also stellen und sperren wir sie an irgendeiner geeigneten Stelle ab. Dann kann das Badevergnügen beginnen. Wir baden in bestem Moorwasser, dem sogar eine gewisse Heilkraft zugeschrieben wird. An Wochenenden kann es schon mal vorkommen, dass die Stege und Badestellen am Ufer sehr begehrt sind, aber mit unseren Rädern ist das kein Problem. Wir folgen der Kirchseestraße weiter durch den Wald und kommen zur nächsten Liegewiese an der Diensthütte der Wasserwacht, die sehr viel weniger bevölkert ist. Auch im weiteren Verlauf gibt es immer wieder Uferstellen, die man zum Baden nutzen kann. Der Hauptweg, auf dem wir radeln, führt uns am Nordufer entlang und wendet sich dann nach rechts. Weiter geht es durch Wald und über feuchte Wiesen zu einer geteerten Straße. Hier biegen wir links ein und sind dann gleich am Koglweiher, der sich noch einmal als Badesee mit schöner Liegewiese anbietet.

Hübsche Schnitzkunst am Wegesrand

Zurück ins Isartal Unsere Fahrt geht auf der Teerstraße über den Weiler Abrain zu einer Kreuzung. Nach rechts erreichen wir Kirchbichl mit seinem für Schweinshaxn berühmt gewordenen Jägerwirt. An der Vorfahrtstraße biegen wir nach rechts in die Straße nach Dietramszell ein und verlassen sie schon nach einem knappen Kilometer nach links. 300 Meter später halten wir uns rechts und sausen mit Schwung hinunter ins Isartal. Etwa an der tiefsten Stelle zweigt links eine Straße ab, die uns endgültig ins Tal bringen soll. Weil an dieser Stelle kein Wegweiser steht und wir voll in Fahrt sind, ist die Abzweigung leicht zu übersehen. Unten beginnt neben der Autostraße ein Radweg, auf dem wir wieder die Abzweigung nach Bairawies erreichen. Jetzt fahren auf dem bekannten Weg zur Tattenkofener Brücke zurück.

Schimmelkapelle Diesmal queren wir die Isar nicht, sondern bleiben auf dem Radweg, der uns dann nach links durch den Ort Tattenkofen lotst. Anschließend geht es über Wiesen und Felder auf Ascholding zu. Dabei schaut rechts eine kleine Kirche von einem Hügel zu uns herüber. Ein ganzer Kranz von Legenden und Sagen rankt sich um die Schimmelkapelle. So soll sich einst ein Schimmel in ihr verirrt haben, der dann, weil er nicht mehr herausfand, in der Kapelle verhungerte. Die massiven Fundamentsteine der Kirche deuten jedoch den wahren Hintergrund dieser Geschichte an. Einst befand sich wohl an Stelle der Kirche ein Heiligtum des vorchristlichen Gotts Wotan. Der Schimmel war das Symbol seiner Macht. Durch dessen Tod wurde die Macht Wotans durch die christliche Kirche gebrochen. So interpretiert, wäre die Erzählung verständlich.

Kapelle und Wallfahrtskirche St. Sebaldus am Ortsrand von Egling

Oberbayerische Paradedörfer In Ascholding fahren wir zur Dorfstraße und folgen ihr nach links. Wunderschön mit Geranien geschmückte alte Bauernhäuser säumen die Hauptstraße. Neben uns fließt der Mooshamer Weiherbach, der uns schließlich nach rechts auf der Schlossstraße zum alten Wasserschloss zuführt. Es liegt in einem großen Park, hohe Bäume verdecken die Sicht auf den Bau. Vor dem verschlossenen Tor biegen wir links ab, passieren den Holzwirt und nehmen danach die Straße rechts nach Norden. Jetzt geht es durch den Wald und entlang feuchter Wiesen, dann erreichen wir an den Fischweihern die ersten Häuser von Oberegling. Kurz danach sind wir am Ortsrand von Egling. Gleich nach dem ersten Bauernhaus, der Sebaldmühle, biegen wir scharf nach links ein und erreichen die Kapelle St. Sebaldus an ihrem Weiher. Vor der Kirche geht es nach links steil aufwärts auf einem schmalen Pfad in den Wald. Dieser Wegabschnitt ist nur kurz und lässt sich besser schiebend bewerkstelligen. Am Waldrand geht es dann schon wieder flacher weiter und wir bleiben geradeaus. Jetzt radeln wir am markanten Veiglberg mit seinem einzelnen Baum vorbei, der rundum von Weitem sichtbar ist. Uns erst links, dann rechts haltend, erreichen wir Neufahrn. Im netten Café Hanfstingl können wir uns noch einmal stärken, bevor es nun endgültig auf dem Pupplinger Weg ins Isartal hinabgeht. Vor der Kapelle in Hochreuth bei Puppling radeln wir weiter abwärts zur Autostraße. Nach rechts sind wir in wenigen Minuten an der Isarbrücke und – wer möchte – im urigen Biergarten Aujäger. Jetzt geht es nur noch links über die Isar und damit auf dem uns bekannten Weg zur S-Bahn in Wolfratshausen zurück.

12 Von Schaftlach nach Lenggries

Highlights im Isarwinkel

schwer | 64 km | 500 Hm | 5 Std.

Ausgangs- und Endpunkt
Schaftlach, Bahnhof

GPS
47.795223, 11.684292

E-Ladestation
Bei Verzehr in Lenggries: Altwirt, Marktstraße 13 oder Arabella Brauneck Hotel (Biergarten!); Bad Tölz: Café Schuler, Café Höck oder Tourist-Info im Stadtmuseum, alle in der Marktstraße

Anfahrt
ÖPNV: von München mit der BOB über Holzkirchen nach Schaftlach; PKW: mit dem Auto über Holzkirchen Richtung Tegernsee, bei Warngau abbiegen und über Piesenkam nach Schaftlach.

Einkehr
Unterwegs gibt es viele Möglichkeiten, etwa das Jaegers an der Brauneck Bergbahn in Lenggries oder für den kleinen Hunger die Café-Konditorei Schwarz direkt an der Isarbrücke. In Bad Tölz hat man viel Auswahl in der Marktstraße oder am Jungmayr-Platz an der Isar.

Information
www.lenggries.de

Bei dieser anstrengenden, aber gigantisch schönen Radrunde erleben wir die größten Highlights im Isarwinkel: herrliche Biergärten, alte Kirchen und Klöster, idyllische Moorseen und obendrein den einzigartigen Wildfluss – die Isar. Dazu gesellen sich die malerische Kurstadt Bad Tölz und das urige Lenggries. Zeit sollten wir uns heute wirklich viel gönnen!

Sachsenkam und Reutberg Wir beginnen unsere Radtour am Bahnhof in Schaftlach und queren die Gleise auf die westliche Seite. Dort folgen wir links der Reutbergstraße, die nach links den Ort verlässt und uns durch einen Wald und über Felder Richtung Sachsenkam führt. An der T-Kreuzung, schon in Sichtweite des Dorfes, radeln wir links in die Piesenkamer Straße und folgen in der Ortsmitte von Sachsenkam rechts der Beschilde-

rung nach Reutberg. Auf unserem Weg passieren wir das auf einem Hügel liegende Kloster mit seinem herrlichen Biergarten. Für eine Einkehr ist es fast noch zu früh, aber auch eine Besichtigung der Kirche lohnt sich.

Bad Tölz mit seiner traumhaften Lage direkt an der Isar ist alleine schon ein Highlight.

Dunkler Kirchsee Ansonsten radeln wir unterhalb des Klosters vorbei und biegen dann links zum Kirchsee ab. Viele Uferbereiche des großen Moorsees stehen unter Naturschutz, aber bei der Fahrt um den See erreichen wir viele ausgewiesene Badestellen und Liegewiesen. Zunächst immer in Ufernähe verlassen wir am Südende den See und radeln immer auf dem Hauptweg durch das Kirchseemoor und den Wald. Der Weg mündet an einer Asphaltstraße, jetzt biegen wir nach links, passieren den Koglweiher und durchqueren den Weiler Abrain. An der nächsten Kreuzung (rechts ginge es nach Kirchbichl) bleiben wir noch geradeaus und biegen dann an der nächsten Möglichkeit wieder nach links ein. Vorbei an Feichten, geht es ein Stück Richtung Sachsenkam zurück. Kaum haben wir aber den Waldrand und das Kirchseemoor erreicht, biegen wir rechts auf einen Radweg ab, der uns nun in südlicher Richtung einsam nach Ellbach führt.

Isar, wir kommen In der Ortsmitte biegen wir rechts in die Schützenstraße ein. Wir passieren das Gasthaus Jägerwirt und folgen der kleinen Straße noch für gute 100 Meter. Dann fahren wir rechts in den kleineren Weg und nehmen den Radweg mit dem Schild nach Bad Tölz. Sehr idyllisch geht es durch einen Wald und im Zick und Zack am Rand von Wiesen vorbei. Bald senkt sich die Straße (Vorsicht,

Tourencharakter

Eine lange und deswegen anstrengende Rundtour auf Radwegen, Forststraßen, die teilweise mit Schotter befestigt sind, und einigen schmäleren Pfaden. Nur kurze Abschnitte verlaufen auf Autostraßen. Unsere Akkus werden durch das ständige Auf und Ab gefordert, vor allem im letzten Abschnitt geht es noch einmal bergauf. Mehrfach sind Abkürzungen mit der Bayerischen Oberlandbahn möglich.

steil!) und wir erreichen Bad Tölz am Waldfriedhof. Hier queren wir die größere Straße geradeaus und halten uns dann links. So geht es über die Felder unterhalb des Tölzer Kalvarienbergs vorbei zur Isar, die wir auf dem Isarsteg queren. Auf der anderen Flussseite folgen wir dem Radweg nach rechts und biegen dann an der Einmündung des Einbachs nach links auf die Wilhelm-Dusch-Straße. Jetzt geht es langsam aufwärts. Sie wird zur Benediktbeurer Straße, der wir bis kurz vor ihrer Einmündung in die große B 472 folgen. Kurz zuvor geht es aber für uns nach links durch eine Unterführung und weiter die Straße bergauf.

Höhenweg nach Lenggries Nach ein paar Bauernhöfen passieren wir den alten Quellhof von Sauersberg, eine der Fundstellen des jodhaltigen Tölzer Heilwassers. Am Bienenlehrstand verlassen wir die Straße und biegen rechts auf einen Feldweg (Schild »Pestkapelle«) ein. Jetzt geht es über grüne Wiesen zu der zum Dank für die überstandene Pest errichteten Kapelle. Dort stoßen wir wieder auf die Teerstraße, der wir weiter nach rechts folgen. Sie teilt sich: Rechts führt ein Abstecher zur Waldherren Alm (Einkehrmöglichkeit), für uns geht es links über Kurven abwärts Richtung Isartal. Dann müssen wir etwas aufpassen. Wenige Meter, nachdem wir am Fuhrunternehmen Willibald rechts abgebogen sind, können wir erneut rechts auf einen Feldweg einbiegen, der uns gleich über den Steinbach führt. Dieser Weg ist viel netter als die geteerte Straße. Nun geht es auf einem schmalen Pfad schnurgeradeaus über die Felder. Es versteht sich von selbst, dass hier Fußgänger Vorrang haben und wir dem Bauern seine wertvolle Wiesenfläche nicht zerstören und gar den Pfad verbreitern.

Den Arzbach queren wir auf dem Weg zum Höhenweg.

Nachdem wir auch den Aubach gequert haben, erreichen wir an einer Kapelle die ersten Häuser von Arzbach. Weiter dem Weg und Pfad folgend, stoßen wir auf die Längentalstraße in Arzbach. Kurz nach links und dann wieder rechts geht es abwärts zum Arzbach, den wir am Freibad queren. Nun folgen wir stets der Radwegbeschilderung nach Lenggries auf dem Höhenweg, durch den wir gleich wieder ein paar Höhenmeter gewinnen. Bergauf und bergab, am Gasthaus Schweizer Hof vorbei und immer auf dem Höhenweg geraten wir ein wenig ins Schwitzen – gut, dass wir ein E-Bike haben. Stattliche und musterhaft renovierte Höfe säumen unseren Weg. Viele davon sind liebevoll geschmückt. Blumenkaskaden quellen im Spätsommer über Balkonbrüstungen und Fenstervorsprünge. Schließlich passieren wir die ehemalige Prinz-Heinrich-Kaserne und unser Höhenweg endet an einer Fahrstraße unweit der Brauneck Bergbahn. Mit einem Abstecher nach rechts kann man dort im Jaegers oder in der Alten Mulistation einkehren.

Die Pestkapelle bei Wackersberg ist auch ein beliebtes Ziel für Wanderer.

Lenggries Nach Lenggries radeln wir jedoch nach links, abwärts über den Kreisverkehr und die Isarbrücke in die Ortsmitte. Lenggries zeichnet sich durch eine altbayerisch gewachsene Dorfstruktur aus, bei der sich die ältesten Häuser rund um die Kirche St. Jakob gruppieren. Wie kaum ein anderes Dorf hat Lenggries die Gratwanderung zwischen Tourismus und Tradition, zwischen Neubaugebieten und bäuerlichem Ortskern bravourös gemeistert. Wer jetzt schon müde ist, kann vom Lenggrieser Bahnhof die Rückfahrt antreten.

Isarfreuden gibt es bei der Rückfahrt zu Genüge.

Isarflimmern Auf dem Rückweg dürfen sich aber bis Bad Tölz unsere Wadenmuskeln erholen. Dafür geht es zurück zur Isarbrücke und wir schieben unsere Räder in den dafür vorgesehenen Schienen die Treppen zum östlichen Isarradweg hinunter. Nun folgen wir den Radwegschildern nach Bad Tölz und freuen uns, neben der Isar radeln zu dürfen. Bei Arzbach wechseln wir einmal die Seiten. Gemütlich flach geht es durch die lichten im Hitzestau des Sommers flimmernden Isarauen. Viel zu schnell ist die schöne Strecke vorbei und wir erreichen die Kurstadt Bad Tölz. Jetzt ist hoffentlich noch Zeit für eine kurze Besichtigung. Dafür wechseln wir wieder die Uferseite und stellen die Räder gut verschlossen ab. Die Marktstraße erobern wir besser zu Fuß. Anschließend radeln wir in Flussnähe auf der Altstadtseite weiter. So geht es nochmals in Isarnähe ein Stück Richtung Süden. Vorbei am Fußballplatz fahren wir unter der Umgehungsstraße durch. Wir passieren den Moraltgewerbepark und biegen dahinter links von der Isar weg. Rechts folgen wir der Lenggrieser Straße und queren dann die B 13 durch eine Unterführung. Jetzt geht es etwas kreuz und quer, oder genauer: links-rechts-rechts in die Demeljochstraße, am McDonald's links in die August-Moralt-Straße und dann rechts in den Zwieselweg durch eine Siedlung.

Königssee-Bodensee-Radweg Nun sind wir auf dem berühmten Königssee-Bodensee-Radweg unterwegs. Das Zick und Zack hört jedoch noch nicht auf. Wir erreichen am Hirschkuss, dem bekannten Magenkräuterbitter, das Gewerbegebiet Gaißach-Moser-Säge. Dort biegen wir links ein und folgen dann gleich darauf erneut links der Radwegbeschilderung nach Gaißach. Wir queren die Gleise (Abkürzungsmöglichkeit mit der Bahn) und sind im Ortsteil Mühle. In der Linkskurve geht es für uns nach rechts in die Ostfeldstraße – nun können wir uns nicht mehr verfahren. Der Radweg führt durch die Attenloher Filz am Fuße des Rechelkopfs entlang, im leichten Auf und Ab und mit einigen Abzweigungen, die aber gut ausgeschildert sind. Schließlich biegt der Königssee-Bodensee-Radweg links über das Bächlein Gaißach ab. Hier bleiben wir geradeaus, kurz darauf geht es nach links in Richtung Marienstein. Jetzt wird es nochmals anstrengend, denn es geht stetig bergauf. Hoffentlich haben wir noch genügend Restakku! Aber in Marienstein haben wir es geschafft. Auf der Hauptstraße radeln wir durch den Ort und ein Radweg bringt uns dann zu dem großen Kreisverkehr bei Waakirchen. Geradeaus verführt kurz darauf die Eybel Schokoladenquelle zu einem letzten Stopp, an die feine Confiserie ist ein Café angeschlossen. Danach bleiben wir geradeaus, auch über den nächsten Kreisverkehr, und erreichen nun stets in Fahrtrichtung Norden Schaftlach, den Ausgangspunkt unserer großen tagesfüllenden Tour.

Bad Tölz

Bad Tölz ist eine lebendige kleine Stadt, die nicht erst seit der Fernsehserie »Der Bulle von Tölz« bekannt ist. Die Marktstraße ist das Herzstück von Tölz, darüber thront die Kalvarienbergkirche. Auch die kleinen Gassen rund um den Jungmayrplatz sind sehr malerisch, und dort ist auch die größte Dichte an netten Straßencafés, die vor allem am Nachmittag noch lange Sonne abbekommen. Ein Bummel durch die Markstraße ist ebenfalls lohnenswert.

Isar bei Lenggries

13 Durch den Isarwinkel in die Jachenau

Zwei Flüsse und ein Stausee

schwer	61 km	550 Hm	4 Std.

Ausgangs- und Endpunkt
Lenggries, Bahnhof

GPS
47.67968, 11.57342

E-Ladestation
Lenggries: Altwirt, Marktstraße 13

Anfahrt
ÖPNV: von München mit der BOB über Bad Tölz nach Lenggries; PKW: mit dem Auto auf der B 13 von Bad Tölz nach Lenggries, dort über die große Kreuzung und dann gleich links auf den Parkplatz hinter dem Bahnhof (Parkdauer max. 4 Std.). Wer viel länger parken möchte, parkt an der Lenggrieser Brauneck Bergbahn.

Einkehr
Der Gasthof Papyrer in Fleck bietet bayerisch-thailändische Küche. In Lenggries gibt es am Ende viel Auswahl, etwa Luna Piena, Dorfschänke, Hotel Wirtshaus Der Altwirt oder für den kleinen Hunger Café-Konditorei Schwarz vor der Isarbrücke.

Information
www.lenggries.de

Ohne Berggipfel und ohne dass wir die 950 Höhenmetergrenze knacken, bietet diese Runde mehr als nur Bergblicke, nämlich viel Berggefühl. Mit einem tiefblauen Stausee, einer netten Alm, mit bunten Blumenwiesen und den wilden Flüssen Isar und Jachen erleben wir völlig unterschiedliche Landschaftstypen.

Im Isarwinkel Wir beginnen unsere Radtour am Lenggrieser Bahnhof und schieben durch die Bahnunterführung zu dem großen Parkplatz zwischen Bahn und Bundesstraße B 13. Hier beginnt auch die Tour für die Radler, die mit dem PKW gekommen sind. Dieser Parkplatz ist auf vier Stunden beschränkt, wer länger parken will, parkt an der Brauneck Bergbahn. Wir fahren in nördlicher Richtung zur Parkplatzeinfahrt und dann links hinunter zum Isarufer. Dort beginnt nach links unser Isarradweg,

der uns bis zum Sylvensteinspeicher bringen wird. Zunächst geht es zwischen der Bundesstraße und der Isar flussaufwärts. Wir passieren zwei Baggerseen, die zur Aufzucht von Jungfischen genutzt werden. Das Brauneck sieht man über die Weiher gleich doppelt, es spiegelt sich wunderschön im Wasser. Wir wechseln nochmals die Straßenseite und unterqueren die Autostraße, die über die Bretonenbrücke führt. Das ist die letzte Isarbrücke vor dem Sylvenstein. Kurz drauf endet der Radweg und wir fahren auf der B 13 durch den Ort Fleck. Einst stand hier eine Papierfabrik, die das reichlich vorhandene Holz aus den Bergen nutzte. Der prachtvolle Gasthof Zum Papyrer erinnert noch daran. Ganz in der Nähe steht die kleine Annakapelle mit ihrem aufwendigen barocken Hochaltar. In seinem Zentrum sehen wir die heilige Anna mit ihrer Tochter Maria und ihrem Enkel, dem Jesuskind. Direkt benachbart ist die Bäckerei Bammer, bei der man sich noch mit einer Brotzeit für unterwegs

Tourencharakter

Eine Tour auf gepflegten Radwegen und auf Forststraßen, die jedoch teilweise mit Schotter befestigt sind, der beim Bergabradeln etwas Probleme machen kann. Nur kurze Stücke führen über Autostraßen. Unsere Akkus werden durch den Anstieg zum Sylvenstein und vor allem auf den Forststraßen zur Jachenau gefordert.

Linke Seite: Staustufe der Jachen bei Leger

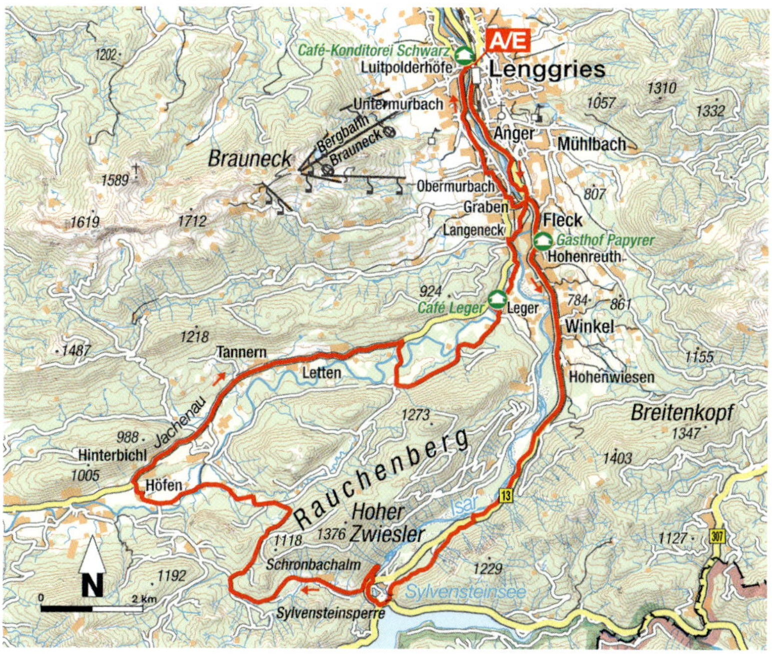

versorgen kann, denn das nächste Gasthaus werden wir erst am Ende unserer Tour finden.

Zum Sylvensteinspeicher Am Ausgang von Fleck beginnt wieder ein Radweg, auf dem wir viel zu schauen haben. Vor allem die prächtigen Bauernhöfe haben es uns angetan. Fast immer haben sie ein gemauertes Erdgeschoss und darüber einen zweistöckigen oder sogar dreistöckigen Holzblockbau. Dazu gehört ein Balkon, der überreich mit Blumen geschmückt ist. Nach Winkel queren wir die B 13 und jetzt geht es mehr oder weniger dicht an der Isar entlang. Wir überqueren ein weiteres Mal die B 13 und sind nun ganz froh über unseren elektrischen Schub. Der Weg steigt etwas steiler an, nähert sich Felsen und wir erreichen einen Tunnel. Zuvor blicken wir auf die Kraftwerksanlagen, dann geht es durch den Tunnel, der an der Dammkrone des Stausees endet. Über den Sylvensteinsee schauen die vielen Gipfel des Vorkarwendels zu uns herüber, alle bis fast hinauf dicht mit Wald bedeckt.

Ins Schronbachtal Jetzt sollten wir kontrollieren, ob unsere Akkus noch gut geladen sind. Gleich wird es steil und hört auch eine Zeit lang nicht mehr auf. Wer also feststellt, dass der Strom knapp werden könnte, bricht lieber ab und fährt den Hinweg zurück. Wir aber fahren über den Staudamm und dann rechts auf der B 13

Vom Staudamm am Sylvensteinspeicher blicken wir auf die grüne Isar.

hinunter ins Tal. Unmittelbar vor der Isarbrücke zweigt links ein steiler Weg nach oben ab. Also runterschalten und dem Motor viel Strom spendieren, dann kommt man ohne allzu große Kraftanstrengung nach oben. Nach der Serpentine wird es schon flacher, und nach der Rechtskurve haben wir den Anstieg geschafft. Vor uns liegt, etwas vom Weg abgezweigt, die Schronbachalm. Wenn die Sennerin auf der Alm ist, gibt es Getränke und Brotzeiten. Sonst steht im Brunnen ein Tragerl mit Getränken, das Geld dafür wirft man einfach in eine Kasse an der Hütte.

Wenn man Glück hat, gibt es bei der Sennerin auf der Schronbachalm etwas zu trinken.

In die Jachenau Nach der Rast an der Alm geht es zur Abzweigung zurück und zunächst mehr oder weniger nah am Schronbach entlang aufwärts. Bei der ersten Wegverzweigung verlassen wir das Schronbachtal nach rechts und fahren auf einer Forststraße aufwärts. Hier bleiben wir ungeachtet aller Abzweigungen immer auf dem breitesten Weg. Bei dem ersten (und einzigen) Wegwei-

Dom des Isarwinkels

Bei der Tour lohnt sich ein Spaziergang durch Lenggries zur Pfarrkirche St. Jakob. Sie ist so groß, dass sie Dom des Isarwinkels genannt wird. Die erste Kirche entstand um 1200, der heutige Bau wurde 1722 nach ganz kurzer Bauzeit fertiggestellt. Am Hochaltar steht die Figur des Hl. Jakob, die noch aus gotischer Zeit stammt. Der Altar selbst entstand erst 1916, ist aber so geschickt an das Barock angepasst, dass nur Kunsthistoriker den »Fake« erkennen.

Die Jachenau ist bei Weitem nicht mehr so abgeschieden, wie sie über viele Jahrzehnte hinweg gewesen ist, aber immer noch hat sich das Tal seine idyllische Ursprünglichkeit bewahrt.

ser nehmen wir die Forststraße nach Höfen, auf keinen Fall den kürzeren Fußweg. Der passt für uns Radler überhaupt nicht! Jetzt dürfen wir uns freuen, ab hier geht es ständig abwärts. Aber Vorsicht, die Straße war, als wir sie gefahren sind, grob und tief aufgeschottert. Überdies ist sie teilweise recht steil. Es ist keine Schande, hier abzusteigen, um ein Stück zu schieben. Wir verlassen den Wald und können über eine große Almwiese weit in das Tal der Jachenau schauen. Auf einem Trampelpfad schieben wir über die Wiese zu einem Almkreuz mit Rastbank daneben. Im Norden stehen über uns die Achselköpfe und die Benediktenwand, nach Westen schauen wir zum Rabenkopf und zum Jochberg, und am Talboden liegen viele vereinzelte Bauernhöfe. Nach der Schaurast geht es weiter – Vorsicht, sehr steil! – abwärts zur Jachen, die wir auf einer Brücke überqueren. Damit hätten wir endgültig die Jachenau erreicht. Übrigens ist es interessant, dass die Jachenau früher zum Kloster Benediktbeuern gehörte. Der Talausgang zur Isar war so versumpft, dass man nur auf einem Saumpfad das Tal Richtung Lenggries verlassen konnte, während nach Westen ein normaler Bergweg ins Tal führte.

Zurück nach Lenggries Wir fahren geradeaus an der Jachen entlang nach Höfen und von dort auf die Autostraße. Auf ihr geht es knapp zwei Kilometer nach rechts, dann erlöst uns ein neuer Radweg vom direkten Autoverkehr. Rechts von uns mäandert die Jachen, dabei wird das Tal immer enger. Man kann sich gut vorstellen, wie unpassierbar es zu der Zeit gewesen sein muss, als die Jachen das ganze Tal beherrschte. Dann endet der Radweg ganz plötzlich. Wir biegen scharf rechts ab, fahren wieder über die Jachen und passieren ein Moorgebiet, den letzten Rest der einstigen Sümpfe. Nach dem Feuchtgebiet geht es nach links zu einer alten Stauanlage. Hier wurde früher das auf der Jachen getriftete Holz an Land gezogen. Wir fahren an der Straße vor zu den Häusern von Leger und können uns im Café Landerermühle einen Cappuccino samt hausgemachtem Kuchen genehmigen. Direkt nach dem Café biegen wir rechts ab und fahren auf dem gut markierten Radweg zur Mündung der Jachen in die Isar. Eine schmale Brücke bringt uns auf die andere Seite der Jachen. Dann fahren wir auf dem Radweg weiter zur Bretonenbrücke, die wir schon vom Hinweg kennen. Wir könnten jetzt die Isar überqueren, um auf dem bekannten Weg zurückzukehren. Schöner ist es, auf dem markierten Weg durch Wegscheid zu radeln, um dabei die vielen liebevoll geschmückten Bauernhöfe zu bewundern. Auf der Jachenauer Straße kommen wir schließlich nach Lenggries, überqueren die Isar und die B13 und treffen so wieder auf unseren Ausgangspunkt. Wer Lust hat, kann sich jetzt noch in der Isar abkühlen, direkt an der Isarbrücke sieht man die besten Stellen.

Heimatkunde

Das Heimatmuseum am Rathausplatz (Mo–Fr, 9–12 & 14–17 Uhr) informiert bestens über die Besonderheiten des Isarwinkels, die sich durch die Berge und aus der Lage am Fluss ergeben.

Rabenkopf und Jochberg von der Aussichtsbank an der Almwiese am Röhrmoosbach

14 Rund um das Demeljoch

Der Schweiß ist der Preis …

schwer | 41 km | 980 Hm | 3 Std.

Tourencharakter
Eine anstrengende und dadurch schwere Tour, die technisch jedoch einfach ist. Vorwiegend verläuft sie auf ungeteerten Almstraßen und Radwegen (Vorsicht, nach Regen stellenweise ausgewaschen). Je nach Schneelage ist die Tour erst im Frühsommer befahrbar. Wer die gewaltige Auffahrt schafft, freut sich nicht nur über die Aussicht, denn ab den Almen geht es eigentlich nur mehr bergab.

Ausgangs- und Endpunkt
Fall am Sylvensteinspeichersee

GPS
47.571176, 11.533610

E-Ladestation
unterwegs keine

Anfahrt
ÖPNV: nicht möglich;
PKW: über Bad Tölz und Lenggries zum Sylvensteinspeichersee, oben am Staudamm rechts nach Fall, viele Parkplätze am Ortseingang

Einkehr
Die Rotwandlhütte hat nur in den Sommermonaten geöffnet.

Information
www.lenggries.de

Eine echte E-MTB-Radtour, die uns zu einer der schönsten Almen unter dem Juifen führt. Dabei umrunden wir das Demeljoch und überschreiten die Grenze nach Österreich – und das alles mitten im Karwendelgebirge.

Auf dem Bavarica Tyrolensis Im Ort Fall starten wir zu unserer Radtour. Wir radeln auf der Dürrachstraße nach Süden. Kurz nach den Häusern ist die Straße für den öffentlichen Verkehr gesperrt. Vom Sylvensteinspeicher sehen wir zunächst gar nichts, Bäume verdecken uns die Sicht. Wir queren die Dürrach, die hier in den See mündet, und erreichen ein kleines Wegdreieck. Hier halten wir uns links leicht bergauf und sind nun auf einem Streckenabschnitt der Via Bavarica Tyrolensis unterwegs. Wir queren den Schürpfeneckgraben und genießen jetzt die Aussicht auf den See. Stets der Radwegbeschilderung folgend, geht es

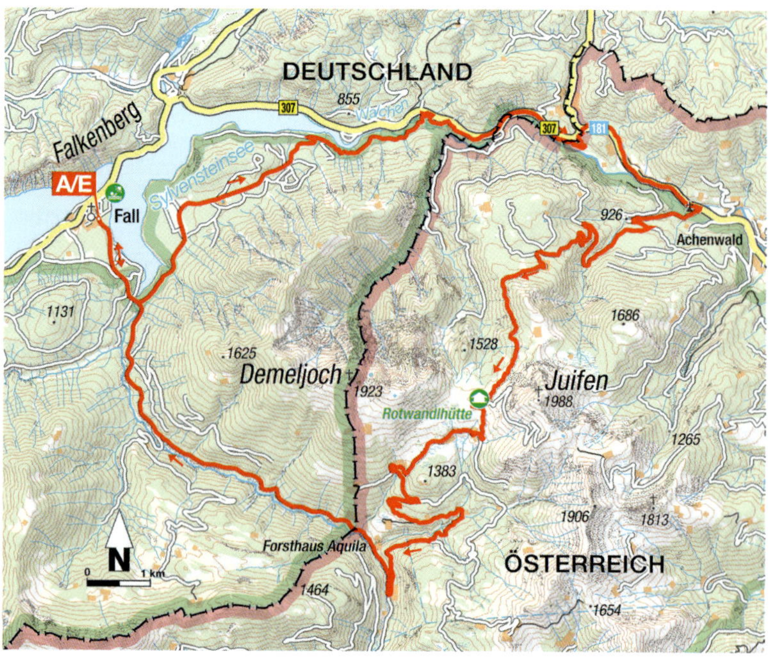

Der Sylvensteinsee ist Startplatz für diese Runde.

nun im leichten Auf und Ab durch lichten Wald und über Almwiesen. Bald trennt uns das kleine Jägerbergl wieder vom See, aber schließlich nähern wir uns der Walchen, die vom Achensee kommend in den Sylvensteinspeicher fließt. Spannend wird es dann an der Walchenklamm, aber der Weg ist stets vorbildlich gebaut und damit ungefährlich. Schließlich queren wir die Klamm über einen Steg und schieben dann am besten auf der anderen Seite die wenigen Meter hinauf zur Straße. Jetzt teilen wir uns abschnittweise die Bundesstraße B 307 mit dem Autoverkehr, können aber immer wieder ausweichen. Wir queren die deutsch-österreichische Grenze und erreichen schließlich den Gasthof Zum Hagen.

Kräftezehrend Wir überqueren die Straße und steuern gegenüber die kleine verwitterte Hagenkapelle an, die eigentlich den Heiligen Peter und Paul geweiht ist. Links davon beginnt nun die lange, kräftezehrende Auffahrt. Die Mountainbikerunde ist offiziell als »mittelschwierige Tour 466 Rotwandhütte – Bächental« ausgeschildert. Anfangs noch mit mäßiger Steigung, dürfen

Badespaß

Im Sommer unbedingt Badesachen einpacken. Der Sylvensteinsee erfrischt uns mit seinem kühlen Wasser nach dieser wunderbaren Mountainbiketour.

Viele Almen, wie die Baieralm, liegen an der Abfahrt.

Berggefühl und Hüttenglück sind heute inklusive.

wir die Akkus trotzdem nicht zu sehr fordern, denn es wird zwischendurch noch einmal deutlich steiler. Also kräftig mittreten, sonst schafft das unser Akku nicht. An allen Abzweigungen sind die MTB-Schilder deutlich angebracht. Nach drei Kilometern bergan queren wir den Taschbach. Nun steht eine lange gerade Auffahrt bevor, für uns stets ein zermürbender Abschnitt. Danach wenden wir uns in einer Spitzkehre scharf nach links. Es geht über zwei weitere Serpentinen nach oben, dann passieren wir den Brettersbergalm-Hochleger. Noch muss der Akku reichen!

Überraschungsmoment Langsam wird es flacher und nach einer Linkskurve haben wir es eigentlich geschafft. Wir verlassen den Wald und die Aussicht empfängt uns. Rechts ist das Demeljoch, links der Juifen, und je näher wir dem Höhepunkt der Tour – der Rotwandlhütte – kommen, umso schöner und überwältigender wird das Panorama. Völlig überraschend baut sich hinter den Almen, die wir nun schon sehen, das Karwendel auf. Geradezu dramatisch schrauben sich die Gipfel in die Höhe. Dieser Anblick entschädigt für jeden unserer Schweißtropfen.

Rotwandalmen Schließlich erreichen wir auf 1525 Metern den kleinen Verbund der Rotwandalmen. In der Rotwandlhütte bekommen wir, sofern jemand da ist und Zeit hat, etwas zu essen und zu trinken. Das Almkreuz auf dem Sattel ist aber auch ein

An der Rotwandhütte unter dem Juifen haben wir es geschafft, jetzt geht es nur noch abwärts.

hervorragender Rastplatz für eine mitgebrachte Brotzeit. Wer möchte, kann nun die Tour zu einer »Bike-&-Hike«-Variation wandeln. 450 Höhenmeter trennen uns vom Gipfel des Juifen.

Rolling, Rolling, Rolling Nach der Rast führt unser Weg nach Süden hinab ins Tal. Satte fünf Kilometer geht es über viele Kurven vorbei an einigen wunderschönen Almen nach unten. Wir müssen zwar stetig bremsen, aber der Weg ist nicht zu steil, sodass wir uns über eine schöne und noch dazu aussichtsreiche Abfahrt freuen. Wir nähern uns dem Bächental, in das wir schließlich rechts einbiegen. Bald passieren wir das Forsthaus Aquila, früher eine hervorragende Einkehrmöglichkeit, die nun leider geschlossen wurde. Kurz danach überqueren wir wieder die Grenze nach Bayern und folgen der tief unter uns in einer Klamm rauschenden Dürrach. Die mittlerweile wieder geteerte Almstraße fällt dabei sacht ab, ein angenehmer Nebeneffekt für unsere heute arg beanspruchten Wadenmuskeln. Gut sechs Kilometer nach dem Forsthaus queren wir wieder die Dürrach und radeln auf bekanntem Weg zurück nach Fall.

Entlang der Isar

»Via Bavarica Tyrolensis« – das ist einfach der Isarradweg, oder auch die Radstrecke von München nach Venedig, wenngleich man sich auf einer alten Römerstraße vermutet. Sie verbindet Bayern mit Tirol beziehungsweise München mit Wiesing im Inntal. Ein Teilstück der landschaftlich reizvollen Strecke zwischen Fall und der Abzweigung an der Hagenkirche dürfen wir radeln.

An der Weissach bei Kreuth

Akku-Spaß im Tegernseer Land

15 Um den Hirschberg

Klein, fein und grandios

leicht | 29 km | 450 Hm | 3 Std.

Tourencharakter
Eine, aufgrund der Kürze, leichte Tour, denn es sind nur 450 Hm auf ungeteerten Forst- und Almwegen zu schaffen. Ein kurzer steiler Abschnitt ist überschaubar, zum Weißbachtal fällt die Strecke aber steiler ab. Vor allem im Sommer gut geeignet, denn der Weg führt angenehm schattig durch den Wald.

Ausgangs- und Endpunkt
Bad Wiessee, Parkplatz Söllbachtal

GPS
47.702005, 11.718802

E-Ladestation
Tourist-Info in Bad Wiessee oder in Kreuth

Anfahrt
ÖPNV: von München mit der BOB nach Gmund an den Tegernsee, Radtour dann von dort beginnen, zusätzlich ca. 16 km; PKW: an den Tegernsee, Bad Wiessee liegt am Westufer, der Parkplatz Söllbachtal ist ausgeschildert

Einkehr
Unterwegs liegt die Schwarztennalm an der Strecke. Es gibt leckere Hüttenschmankerl, Brotzeitteller und am Sonntag frischen Schweinekrustenbraten. Oder man isst bei der Herzoglichen Fischzucht an der Hofbauernweißbach.

Information
www.tegernsee.com

Klein, fein und grandios: So lässt sich die Tour zur Schwarztennalm und rund um den Hirschberg mit wenigen Worten beschreiben. Schattige Waldwege führen nicht übermäßig ansteigend in ein kleines Hochtal, bevor man die Runde entlang der Weißach wieder beendet.

Im Söllbachtal Vom Parkplatz am Beginn des Söllbachtals radeln wir, von Anfang an mit zugeschalteter Schubkraft, auf der sanft, aber stetig ansteigenden Forststraße. Wir folgen dem Söllbach und ignorieren alle abzweigenden Wege. Die Schwarze Tenn ist ausgeschildert. Nach knapp sechs Kilometern brauchen wir kurz unseren »Turbo«! Für 500 Meter steigt die Straße kräftig an und gleicht nun einer echten Mountainbiketour. Also den Gang zurück, aufs kleinste Ritzel und kräftig treten, dann haben wir schon den höchsten Punkt der Tour erreicht.

Almgenuss Bald weitet sich das Tal und wir erreichen über sanfte Almwiesen mit herrlichem Blick auf den Doppelgipfel von Roß- und Buchstein die bewirtschaftete Schwarztennalm. Hier können wir gut und gerne eine Rast einlegen. An der von der Sonne erwärmten hölzernen Hauswand sitzt man mehr als gemütlich. Danach folgen wir weiter dem Almsträßchen nach Süden. Wir bleiben immer auf dem Hauptweg und testen sicherheitshalber unsere Bremsen, denn dann geht es steil bergab. Kontrolliert rollen wir hinunter ins Tal der Weißach.

Entlang der Weißach Am Talboden angekommen, überqueren wir zuerst die Bundesstraße, dann den Parkplatz und anschließend die Weißach. Ab jetzt halten wir uns immer in der Nähe des Flusses und folgen den Radwegschildern »Kreuth« nach links. Bei Wildbad Kreuth werden wir mit einem Rechts-links-Knick über die Brücke der Hofbauernweißach, einem Nebenfluss der Weißach, gelotst. Wer möchte, kann hier rechts einen Abstecher zur Herzoglichen Fischzucht unternehmen. Dort gibt es einen net-

In Bad Wiesee können wir nach der Tour noch einiges unternehmen und natürlich lockt der Tegernsee.

ten Sitzbereich, an dem man frische Räucherfischfilets als Brotzeit samt einem erfrischenden Tegernseer Bier genießen kann. Mit oder ohne Stärkung fahren wir weiter an der Weißach entlang Richtung Kreuth, die Radwegschilder zeigen den Weg. Über ein Bächlein erreichen wir nach der Raineralm Kreuth.

Ab ins Wasser

An der Mündung der Weißach in den Tegernsee liegt etwas nach rechts versetzt ein netter Badeplatz.

Rottach-Egern und der Tegernsee Ab hier weisen uns die Radwegschilder »Rottach-Egern« den Weg. Wir passieren die Schweigeralm und erreichen bald die ersten Häuser von Rottach. Über alle querenden Straßen geht es geradeaus, wir sind auf dem Weißachdamm unterwegs zum Tegernseeufer. Wir queren erst an der Weißachmündung auf die andere Seite und folgen nun der Beschilderung »Bad Wiessee«. So treffen wir an der Bundesstraße auf den Radweg, der rechts nach Bad Wiessee führt. Nach links geht es in die Söllbachstraße, und damit haben wir die letzten Meter zum Parkplatz zurück hinter uns gebracht.

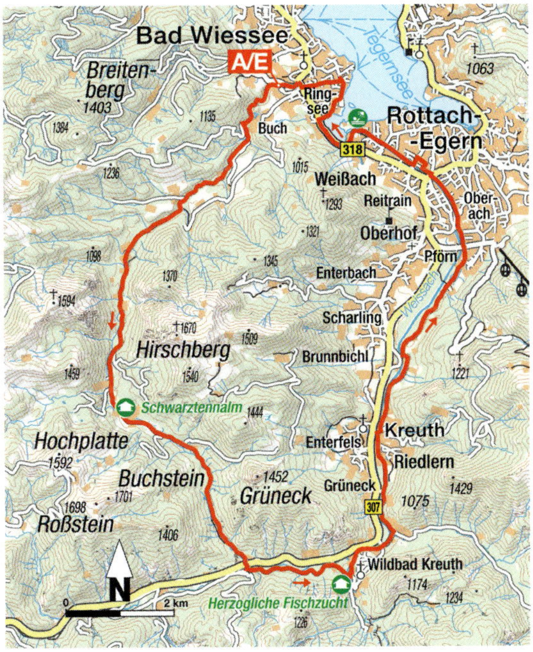

16 Vom Tegernsee zum Schliersee

Almen, Seen und vieles mehr

schwer | 33 km | 750 Hm | 3.15 Std.

Tourencharakter
Eine Tour mit mit einer anfänglichen längeren und größeren Steigung über den Berg zwischen den Seen. Dazwischen warten völlig flache Abschnitte, nur der Königssee-Bodensee-Radweg ist zum Finale noch mal sehr hügelig. Wir fahren auf Radwegen oder breiten Alm- und Forststraßen, die aber nicht geteert sind.

Ausgangs- und Endpunkt
Rottach-Egern, Rottachbrücke

GPS
47.693813, 11.771529

E-Ladestation
Tourist-Infos in Rottach-Egern, Tegernsee und Schliersee

Anfahrt
ÖPNV: von München mit der BOB nach Tegernsee, Radtour dann von dort beginnen;
PKW: an den Tegernsee, Rottach liegt am Südufer, mehrere Parkplätze möglich

Einkehr
Unterwegs liegt gleich zu Beginn die Kühzaglalm, am Schlierseer Uferweg wartet die Rixner Alm. In Schliersee selbst gibt es viele Möglichkeiten, ebenso am Tegernsee gegen Ende der Tour.

Information
www.tegernsee.com

Diese Radtour gleicht einer kleinen Mountainbiketour, ist aber mit dem E-Bike gut zu schaffen. Für die Mühe belohnen uns Schliersee und Tegernsee, eine Alm und einer der schönsten Abschnitte des Königssee-Bodensee-Radwegs.

Entlang der Rottach Wir beginnen unsere Radtour an der Brücke über die Rottach, am Seeforum von Rottach-Egern. Wir queren die Rottach und folgen ihr flussaufwärts auf dem Ludwig-Thoma-Weg. Nach wenigen Metern senkt sich der Weg, dort biegen wir rechts in den schmäleren Weg ein, der in Flussnähe verläuft. Diesem folgen wir nun lange, auch über einige Kreuzungen, die wir meist im leichten Zickzack queren. Langsam nähern wir uns den Bergen auf dem Rottacher Dammweg, der bald idyllisch von Bäumen gesäumt ist. Dann endet der Flussweg und

wir biegen links in die Kühzaglstraße ein. Ihr folgen wir, bis sie sich kurz vor dem Café Angermaier teilt. Wir nehmen die rechte Abzweigung und erreichen auf ihr den Weiler Kühzagl.

Über die Kühzaglalm Kurz vor der idyllischen Kapelle halten wir uns links, woraufhin die Auffahrt ansteht. Entlang des Kühzaglbachs radeln wir in den Bergwald hinein. Der liegt bald deutlich tiefer in einem Graben unterhalb unserer kleinen Bergstraße – ein Zeichen, dass wir an Höhe gewinnen. Etwas sparsam sollten wir mit unserem Akku umgehen, denn wir brauchen für den Rückweg auch noch einmal Schubkraft. Nach einigen Kurven und Kehren lichtet sich der Wald und wir radeln auf die Wiesen der Kühzaglalm. Wenn sie geöffnet hat, ist eine erste Rast sehr angenehm. Wir dürfen uns gerne mit einer Pause für die anstrengende Auffahrt belohnen. Anschließen folgen wir einfach der Almstraße weiter bergauf. Es ist nur noch ein kurzes Stück, und kaum sind wir wieder im Wald, erreichen wir eine Querstraße und damit den höchsten Punkt der Tour. Die sportlich Ambitionierten können hier nach rechts einen Abstecher zum Bodenschneidhaus und der Rettenbeckalm starten. Damit stünde eine weitere Alm und vielleicht sogar die Wanderung auf die Bodenschneid auf dem Programm. Wir radeln allerdings

Ab der Kühzaglkapelle geht es aufwärts.

Die Halbinsel Point am Tegernsee erreichen wir kurz vor dem Ende der Tour, passend für einen letzten Sprung ins Wasser.

nach links abwärts und biegen dann am Wegdreieck rechts in die nächste Forststraße ab. Neuhaus am Schliersee ist unser Ziel. So geht es abwärts, die Bremsen stets an den Fingern, einmal biegen wir noch links ab und folgen schlussendlich dem Dürnbach an einer Kapelle vorbei ins Tal.

Schliersee, Baden und ruhige Uferwege Im Tal bleiben wir zunächst geradeaus auf der Dürnbachstraße und biegen dann links in die Waldschmidtstraße ein, die uns zur Wendelsteinstraße in die Nähe des Bahnhofes bringt. Rechts können wir uns mit einem Abstecher einen leckeren Espresso im Café Stazione gönnen: Das nette Lokal liegt im Bahnhofsgebäude und ist auch ein guter Einkehrtipp. Ansonsten geht es kurz links weiter und dann rechts durch die Unterführung (Radwegschild) ans Schlierseeufer hinunter. Jetzt folgen wir der für Autos gesperrten Uferstraße nach links und dürfen so völlig verkehrsfrei am Westufer entlangradeln. Wir passieren die Rixner Alm und einige schöne Badestellen. Uns begleiten die Gleise der Bayerischen Oberlandbahn, Radwegschilder lotsen uns nun nach Schliersee. An einem Wanderparkplatz ist unsere Uferstrecke zu Ende. Wer den Ort Schliersee besuchen möchte, biegt hier rechts über die Gleise und folgt ihnen dann nach links.

Entlang der Schlierach Alle anderen halten sich links, erreichen die Breitenbachstraße und folgen ihr weiter in Fahrrichtung.

Kurz darauf geht es links in die Schlierachstraße. Wir halten uns jetzt nicht nur an die Radwegschilder nach Hausham, sondern haben auch den Königssee-Bodensee-Radweg erreicht. Malerisch geht es bald an der Schlierach entlang. Der Radweg endet zunächst an einer großen Ortsdurchgangsstraße, auf der wir für ca. 600 Meter nach links radeln. Dann biegen wir am TÜV links in die Nagelbachstraße ein, und schon sind wir aufwärts wieder auf dem Königssee-Bodensee-Radweg unterwegs.

Auf und ab Jetzt ist hoffentlich noch genug Akku übrig, denn auf diesem Streckenabschnitt hat es der Bodensee-Radweg ganz schön in sich. Im steten Auf und Ab geht es der Radwegbeschilderung nach über Wiesen und durch Wälder. Schließlich umrunden wir die Weiler Oberschuß und Unterschuß und kommen zu den Oedberg-Liften, im Sommer gibt es dort eine Rodelbahn. Kurz darauf sind wir am Ortsanfang von Ostin, wo sich die Straße teilt. Wir bleiben links und radeln 350 Meter später erneut links den Niemandshügel hinunter. Hier breitet sich eine Bilderbuchlandschaft aus. Wir überblicken das Nordende des Sees und am gegenüberliegenden Ufer die Berge hinter Bad Wiessee. Von denen stechen vor allem der markante Hirschberg und die Ringspitz heraus. An den nächsten Häusern und der Querstraße geht es wieder links, wir passieren den Wanderparkplatz Neureuth und bleiben dann auf der Hauptstraße, die steil bergab durch den Buchbergweg hinunter zum Tegernsee führt.

Idyllischer Badeplatz

Kurz hinter dem Kloster Tegernsee steigt die Straße etwas an. Hier können wir rechts zu einem der schönsten Badeplätze am Point, einer Halbinsel, abbiegen. Kiesstrände und ein Postkartenblick über die Bucht auf Rottach-Egern erwarten uns.

Tegernsee-Uferradweg Dort führt uns der Uferradweg nach links die letzten Kilometer zurück. Dabei passieren wir den Ort Tegernsee mit der hübschen Uferpromenade, seiner berühmten Klosterkirche und dem noch berühmteren Tegernseer Bräustüberl. Der Radweg verläuft stellenweise auf dem breiten Fußweg, ganz angenehm, um nicht auf der viel befahrenen Straße radeln zu müssen. So ist, bevor wir unseren Ausgangspunkt wieder erreichen, bestimmt noch Zeit für eine Pause am Ufer mit Blick über den Tegernsee.

17 Vom Schliersee ins Tal der Leitzach

Mit einem Hauch von Abenteuer

leicht | 28 km | 240 Hm | 3 Std.

Ausgangs- und Endpunkt
Schliersee, Bahnhof

GPS
47.73550, 11.84974

E-Ladestation
Schliersee: bei medius in der Perfallstraße

Anfahrt
ÖPNV: von München mit der Oberlandbahn BOB nach Schliersee; PKW: Autobahn A 8, Ausfahrt Weyarn über Miesbach nach Schliersee, Parkplätze am Bahnhof

Einkehr
Gasthaus Nägele in Wörnsmühl (Mi & Do Ruhetag); das reizende und völlig ruhig gelegene Café Lunchery findet sich hinter der Slyrs Destillerie in der Bayerischzeller Straße in Neuhaus, dort genießt man seine Speisen mit Blick auf den Wendelstein. Eine Besonderheit ist das Gasthaus Zum Wofen im Freilichtmuseum Markus Wasmeier mit seiner gemütlichen Atmosphäre (10–17 Uhr, Mo Ruhetag).

Information
www.schliersee.de

Vom trubeligen Schliersee radeln wir auf etwas abenteuerlichen Wegen hinüber in das sonnige Leitzachtal. Wir freuen uns über die einsamen und ruhigen Wege, die uns durch herrliche Landschaften mit Bergblick führen – Badefreuden inkludiert!

Um den Rohnberg Unsere Radtour beginnt am Bahnhof von Schliersee. Wir fahren auf der Werner-Bochmann-Straße zur B 307, der Hauptstraße von Schliersee, und überqueren sie. Auf der anderen Straßenseite treffen wir schon auf die Karl-Haider-Straße, die gleich einen Linksbogen macht. Der Wegweiser »Attenberg Wörnsmühl« bestätigt uns, dass wir den richtigen Weg gefunden haben. Wir radeln an vielen Einfamilienhäusern vorbei lange geradeaus, dann schwenkt der Weg nach rechts. Jetzt passieren wir die Weiler Schweinthal und Attenberg. Am Ende von Attenberg gabelt sich die Straße, wir biegen rechts ab. Der Teer endet und wir fahren auf einer Forststraße weiter in den Wald hinein. Langsam geht es bergauf, aber nach einer Abzweigung, bei der wir uns rechts halten, und einer nächsten, bei der es nach links geht, rollen wir schon wieder bergab. Wir kommen an den Rohnbach, dem wir bis zur Leitzach folgen werden. Auf diesem Streckenabschnitt fließen unglaublich viele kleine Seitenbäche vom Rohnberg herunter und füllen damit den Rohnbach. Nach Regen kann es dadurch zu Überflutungen kommen. Die Seitenbäche werden wir nun alle überqueren. Manchmal liegt dazu ein Rohr unter dem Weg, das nächste Mal fließt der Bach direkt darüber – dann hilft nur eines: Schuhe und Strümpfe ausziehen und durchwaten oder mit etwas Schwung durchradeln. Möglich ist beides, aber Letzteres macht natürlich viel mehr Spaß. Schließlich treffen wir auf eine breitere Forststraße und biegen nach rechts ein. Wir fahren an einer Lichtung entlang und verlassen sie nach links. Kurz drauf passieren wir ein verlassenes Haus. Es war das Verwaltungshaus einer großen Kalkbrennerei, die allerdings schon lange geschlossen ist. Unserer Straße folgend, erreichen wir die Leitzach und Wörnsmühl. An der Dorfstraße steht der Gasthof Nägele, der sich ideal für eine Mittagspause eignet.

Tourencharakter

Eine Rundtour mit einigem Auf und Ab auf kleinen Straßen, Radwegen und ungeteerten Forststraßen. An einigen Stellen quert man Bäche ohne Brücken. Nach starken Regenfällen oder bei der Schneeschmelze ist die Tour nicht zu empfehlen. Im Sommer Badesachen nicht vergessen!

Linke Seite: Die Leitzach im Drachenthal bei Wörnsmühl

Durch das Drachental Wir überqueren die Leitzach und biegen unmittelbar darauf rechts ein. Damit sind wir im Drachenthal. Irgendwie klingt das gefährlich, aber die Herkunft des Namens konnte uns niemand erklären. Wir radeln also völlig gefahrlos an ein paar einzeln stehenden Häusern und an einem kleinen Elektrizitätswerk vorbei und überqueren dann die Leitzach. Nach der Brücke geht es immer dicht am Fluss entlang weiter. Zwei Abzweigungen zu einer Brücke ignorieren wir, wir folgen der Radwegbeschilderung zunächst Richtung Fischbachau. Dafür entfernt sich unser Weg bald etwas vom Fluss und steigt nach einer weiten Rechtskurve leicht an. Wieder igno-

rieren wir zwei Abzweigungen nach links und erreichen schließlich den Weiler Untergschwend. Bei der Straßenverzweigung am Ortsausgang fahren wir links und radeln über Wiesen und durch den Wald zur nächsten T-Kreuzung, um dort links abzubiegen. Über Faistenau treffen wir bei einem Sportplatz wieder auf die Leitzach und haben damit den Ortsrand von Fischbachau erreicht. Nun aber bleiben wir auf unserer Seite der Leitzach und kommen über den Weiler Trach mit seinen wunderschönen Bauernhäusern an die Autostraße bei Stauden, der wir nach rechts folgen.

Zeitreise

Wer noch etwas Zeit hat, sollte in Neuhaus am Schliersee unbedingt das Markus Wasmeier Freilichtmuseum besuchen. Der ehemalige Olympiasieger im Riesenslalom baute hier ein altbayerisches Dorf neu auf. Alle Gebäude stammen aus umgesetzten historischen Bauernhöfen der Umgebung. Vor allem an Wochenenden zeigen dort Handwerker ihre Kunst. Über das ganze Jahr verteilt, gibt es jede Menge Besonderheiten wie Musik, Theater, Bierbrautage oder Museumsführungen.

Durch Josefsthal und Neuhaus Nach einem knappen Kilometer haben wir in Aurach die stark befahrene B 307 erreicht. Wir überqueren sie und nehmen dann den Weg, der vor dem Gasthof Mairhofer schräg über die Wiesen führt. Am Waldrand entlang kommen wir zur Spitzingstraße, überqueren sie und fahren dann zuerst am Ortsrand von Josefsthal entlang. Schließlich kommen wir zwischen den Häusern durch zur Josefsthaler Straße, auf der wir nach rechts wieder die B 307 erreichen. Sie heißt an dieser Stelle Neuhauser Straße. Wir fahren kurz nach links und biegen noch vor

Fischhausen mit seiner Wallfahrtskirche liegt am südlichen Ende des Schliersees.

Am Schliersee

den Gleisen nochmals links in die Wendelsteinstraße ab, die am Bahnhof vorbeiführt. Nach den Bahnhofsbauten fahren wir unter den Gleisen durch und dann nach links vor zum Schliersee. Jetzt kann man sich nicht mehr verfahren. Das Seeufer und die Bahn geben die Richtung vor. Nun dürfen wir uns aber Zeit lassen. Viele Stellen eigenen sich für ein Bad im See, aber auch die wunderbar gelegene Rixner Alm verführt zu einer Pause. Alles bestens, denn wir haben es nun nicht mehr weit bis zum Ausgangspunkt. Schließlich erreichen wir die ersten Häuser im Ort Schliersee. Unsere Straße, die hier Westerbergstraße heißt, wendet sich etwas vom See ab und trifft auf den Tegernseer Weg. Wir biegen rechts ab, überqueren die Bahn auf einer Brücke und schieben dann am besten den steilen Weg links abwärts. Er wendet sich unten scharf nach rechts. Jetzt fahren wir um das Eisstadion durch ein kleines Feuchtgebiet zur Brücke über die Schlierach. Achtung: Fußgänger haben hier Vorrang. Wir überqueren den Fluss, fahren geradeaus zum Kurpark und umrunden ihn im Uhrzeigersinn. Nach dem Tennisplatz biegen wir links ab und sind so zurück am Bahnhof.

Badepause

Im Sommer gibt es am Westufer des Schliersees einige Stellen, an denen man eine Badedecke ausbreiten kann, um anschließend ins Wasser zu springen. Das macht man jedoch auf eigene Verantwortung, eine Badeaufsicht sucht man vergebens.

18 Von Miesbach nach Weyarn

Entlang Schlierach und Mangfall

leicht | 30 km | 430 Hm | 3 Std.

Tourencharakter
Eine Tour größtenteils auf geteerten und ungeteerten Radwegen und Nebenstraßen mit wenig Autoverkehr. Durch die tiefliegenden Flusstäler kommen unvermutet einige Höhenmeter zusammen

Ausgangs- und Endpunkt
Miesbach, Bahnhof der BOB

GPS
47.7905, 11.8312

E-Ladestation
Mangfalltal: Steckdosen am Kunstwerk Karl Jakob Schwalbach; Miesbach: am Marktplatz direkt beim Maibaum

Anfahrt
ÖPNV: von München mit der BOB; PKW: Autobahn A 8, Ausfahrt Weyarn, kostenfreier Parkplatz P9 Volksfestwiese an der Schlierseer Straße

Einkehr
Bräuwirt in Miesbach, Landgasthof Neukirchen in Neukirchen

Information
www.miesbach.de

Eine lange Allee stimmt uns auf ein Schloss ein, dann führt unsere Radtour an der Schlierach und der Mangfall entlang und wir besuchen die aufwendigen Bauten, die München mit Trinkwasser versorgen. Anschließend bestaunen wir Weltkunst im alten Kloster Weyarn.

Alles fließt – am Wasser entlang Wir beginnen unsere Radtour am Bahnhof der Bayerischen Oberlandbahn (BOB) in Miesbach und nehmen, den Bahnhof im Rücken, am Kreisverkehr die dritte Abfahrt. Damit sind wir schon auf der Wallenburger Straße und schalten gleich einmal einen Schub zu, denn wir fahren auf das Hochufer der Schlierach. Hier beginnt eine prächtige Allee mit uralten Bäumen, die uns direkt auf das Schloss Wallenburg zuführt. An einem Pförtnerhäuschen ist die Herrlichkeit zu Ende. Wir biegen rechts ab, um dann an der großen Scheune wieder

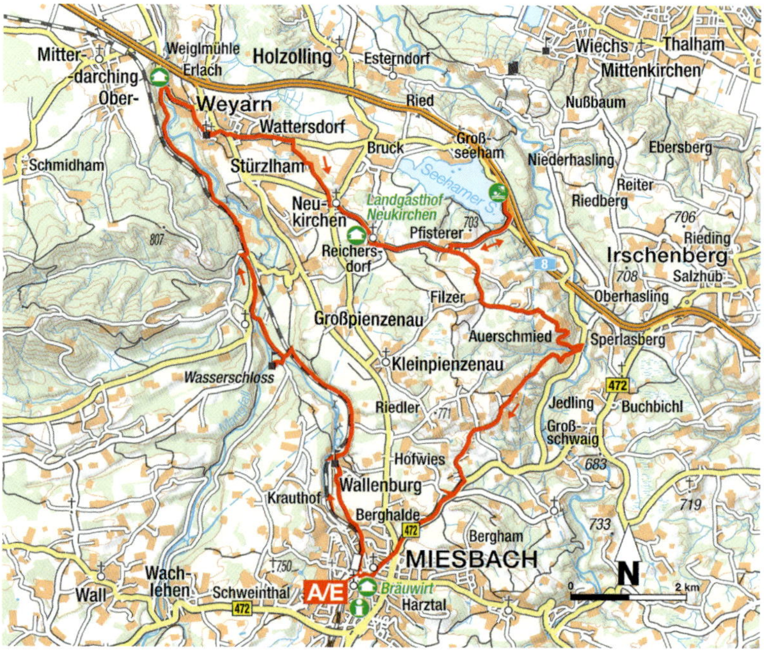

Schoss Wallenburg bei Miesbach

links auf das Schloss zuzuradeln. Nach dem Verwaltungsgebäude können wir uns das Schloss nochmals aus der Nähe ansehen, dann beginnt rechts ein Weg, der steil hinunter zum Schlierachtal abfällt. Etwas Vorsicht ist geboten. Unten treffen wir auf die Thalhamer Straße und auf die Gleise der Bahn. Wir folgen dem Weg nach rechts und erreichen ein großes Aquaedukt, das sich über den ganzen Talboden hinwegzieht. Auf ihm fließt ein Teil des Wassers der Schlierach zur Energieerzeugung in den Seehamer See. Kurz darauf können wir nach links die Bahn und anschließend die Schlierach überqueren und erreichen dann einen auffälligen Rundbau, der auch das Schloss eines exzentrischen Adeligen sein könnte. Ein Schloss ist das wirklich, aber ein Wasserschloss. Unter ihm steht Grundwasser in bester Qualität an, das von hier als Trinkwasser in einer langen Leitung nach München gebracht wird. Gebaut wurde dieser Leitungsabschnitt kurz vor dem Ersten Weltkrieg, die für uns überraschende Form galt damals als Baustil für öffentliche Bauten. Wir fahren über die Schlierach zurück, die sich ein paar Hundert Meter später mit der Mangfall vereinigt, und biegen unmittelbar danach links ab. Dann queren wir die Mangfall und sehen entlang des Weges immer wieder bunkerähnliche Bauten. Erneut steckt das Wasser dahinter. Hier hat man lange Stollen in den Berg getrieben, in denen sich das Grundwasser sammelt, das dann ebenfalls als

Die alte Tuffsteinsäule von 1632 steht oberhalb von Reichersdorf.

Trinkwasser nach München fließt. Wie das geschieht, zeigt eine Installation des Künstlers Karl Jakob Schwalbach neben unserem Weg. Die Druckleitung nach München liegt sehr viel tiefer als die Quellen rundum. Das Wasser fließt in einer spiralig angelegten Leitung nach unten und wird dann unter Druck nach München gepumpt.

Am Münchner Wasserweg bei Thalham

Ins Mühlthal Nach den Werksbauten bleiben wir zunächst auf der linken Seite der Gleise, queren sie dann aber vor einer Straßengabel. Jetzt fahren wir zwischen Bahn und Mangfall bis nach Mühlthal, das geduckt fast unter der großen Autobahnbrücke liegt. Nach links lohnt sich der Abstecher zum Landgasthof Bruckmühle nur an Wochenenden. Aber keine Angst, den Hunger und Durst können wir im weiteren Verlauf dennoch stillen. So folgen wir dem Radweg nach rechts, der uns aufwärts nach Weyarn bringt. Im Dorf nehmen wir die erste Seitenstraße rechts und erreichen die Bauten des ehemaligen Augustinerchorherrenstifts Weyarn sowie das Klostercafé, in dem wir uns einen Cappuccino genehmigen können. In die Klostergebäude ist seit einigen Jahren der Deutsche Orden eingezogen, die Klosterkirche mit ihrer prächtigen Rokokoausstattung dient als Pfarrkirche. Durch eine Tür am Friedhof kommen wir in einen Kreuzgang, von ihm aus können wir einen Blick in die Kirche werfen. Ein Gitter versperrt allerdings den Zutritt. Zu wertvoll sind die Schnitzfiguren von Ignaz Günther, wie die »Pietà«, die »Verkündigung« oder die »Maria Immaculata«. Das Pfarrbüro (Mo, Mi & Fr 8–12 Uhr, Tel. 08020/905 61 10) organisiert Führungen, Einzelbesuchern wird die Kirche im Rahmen der Bürozeiten geöffnet.

Reichersdorfer Geschichten Vom Kloster aus radeln wir vor zur Miesbacher Straße und nehmen dann etwas nach rechts versetzt die Wattersdorfer Straße mit ihrem Radweg. In Wattersdorf geht es rechts über Reintal und Neukirchen. Dort biegen wir nach der Kirche links ab und sausen dann den Berg abwärts nach Reichersdorf. Am Dorfeingang fällt der Kapellenrundbau auf, der den Allerheiligen, also allen Heiligen geweiht ist. Sie wurde 1644 als Dank dafür gebaut, dass man einen ergiebigen Brunnen gefunden hatte. Doch das war nicht der alleinige Grund für den aufwendigen Bau. Beim Abteufen des Brunnenschachtes hatte man komplizierte Gänge gefunden, die wohl bereits vor langer Zeit mühsam in den Untergrund gegraben worden waren. Man konnte nicht wissen, ob dabei nicht der Teufel seine Hand im Spiel hatte, wobei man sich nicht traute, sie zuzuschütten. So verschloss man sie mit einer Kapelle, die das Böse im Untergrund halten sollte. Wenige Meter weiter steht auf der anderen Seite der Straße die Leonhardskirche, die bis ins 14. Jahrhundert zurückgeht. In ihr findet sich noch eine seltene Kostbarkeit, die man in einer Landkirche nicht erwartet. Es ist der Achatius-Schrein, den der in München beheimatete Schnitzer Erasmus Grasser um 1506 geschaffen hat. Kapelle und Kirche sind meist verschlossen, die Mesnerin Elisabeth Biechl sperrt nach telefonischer Voranmeldung (08020/16 20) aber gerne auf.

Große Kunst

Es lohnt sich sowohl in Weyarn als auch in Reichersdorf, um den Zugang zu den Kirchen zu bitten. Die Plastiken von Ignaz Günther zählen genau wie die fast 300 Jahre älteren Werke von Erasmus Grasser zu den Spitzenleistungen der jeweiligen Epoche.

Über Moränenhügel zurück In Reichersdorf fahren wir weiter bergab, schauen nochmals auf die Kirche zurück und erreichen eine Kreuzung. Wir überqueren sie geradeaus und sind damit

Die runde Allerheiligenkapelle in Reichersdorf

auf einem der vielen Jakobswege unterwegs, der uns nun bis ins Leitzachtal begleiten wird. Im nächsten Weiler Pfisterer halten wir uns für die Weiterfahrt an der Abzweigung gerade. Wer jedoch für eine Badepause in den Seehamer See springen möchte, biegt für einen Abstecher von ca. 3 Kilometern und ein paar Höhenmetern extra nach links ein. Ansonsten erreichen wir aufwärts nach einem langen Bogen eine größere Kreuzung an einem Wegedreick, wo wir links abbiegen. An zwei Einödhöfen vorbei kommen wir steil abwärts bei Auerschmied ins Leitzachtal. Gut, dass wir ein E-Bike fahren, denn gleich biegt rechts der Radweg ab, der nach Miesbach beschildert ist. Er führt uns wieder auf die Höhe, die wir eben abwärts gefahren sind. Wenn wir den Wald verlassen, strampeln wir immer noch kräftig durch einige Weiler aufwärts. Die Moränenhügel haben es in sich und es fühlt sich sicherlich nicht schlecht an, wenn wir noch etwas Akkuladung haben. Schließlich treffen wir auf die große B 472, der wir nun nach rechts zurück nach Miesbach folgen. Zum Glück gibt es für uns einen separaten Radweg. Und schließlich haben wir die letzte Kuppe geschafft und rollen über den Kreisverkehr nach Miesbach hinein. Dort halten wir uns rechts in die Münchner Straße, die uns immer noch abwärts in die Altstadt bringt. Über den Stadtplatz kommen wir zum Marktplatz, hier ist der Weg zum Bahnhof ausgeschildert.

In Miesbach können wir die Tour gemütlich ausklingen lassen.

Frühling am Waginger See

Rückenwind im Chiemgau und Berchtesgadener Land

19 Von Nußdorf nach Törwang

Auf und Ab am Samerberg

mittel | 30 km | 550 Hm | 4 Std.

Tourencharakter
Eine Tour größtenteils auf geteerten Radwegen und Nebenstraßen mit wenig Autoverkehr. Durch die tiefliegenden Flusstäler kommen unvermutet einige Höhenmeter zusammen. Es gibt Bademöglichkeiten.

Ausgangs- und Endpunkt
Nußdorf, Kirche St. Vitus

GPS
47.740637, 12.157532

E-Ladestation
Neubeuern; Tourist-Info am Marktplatz, Neubeurer See

Anfahrt
ÖPNV: von München über Rosenheim nach Brannenburg, 8 km zusätzlich; PKW: über die Autobahnen A 8 und A93 bis Ausfahrt Brannenburg, kostenfreier großer Parkplatz in der Neubeurer Straße

Einkehr
Duftbräu über Holzmann am Samerberg (Mo & Di vormittags Ruhetag, www.duftbraeu.de), Hotel zur Post am Dorfplatz in Törwang, Gasthof Zum Stangenreiter am Marktplatz in Neubeuern

Information
www.samerberg.de

Fast ist es eine kleine Bergtour, die uns der Samerberg beschert, denn wir haben immerhin einige Höhenmeter vor uns. Aber die Wege sind mehr als bequem zu fahren und der Akku unseres E-Bikes nimmt uns den größten Teil der Arbeit ab. Dazu bekommen wir fantastische Ausblicke und Einblicke in die Kunst und Geschichte des Samerbergs.

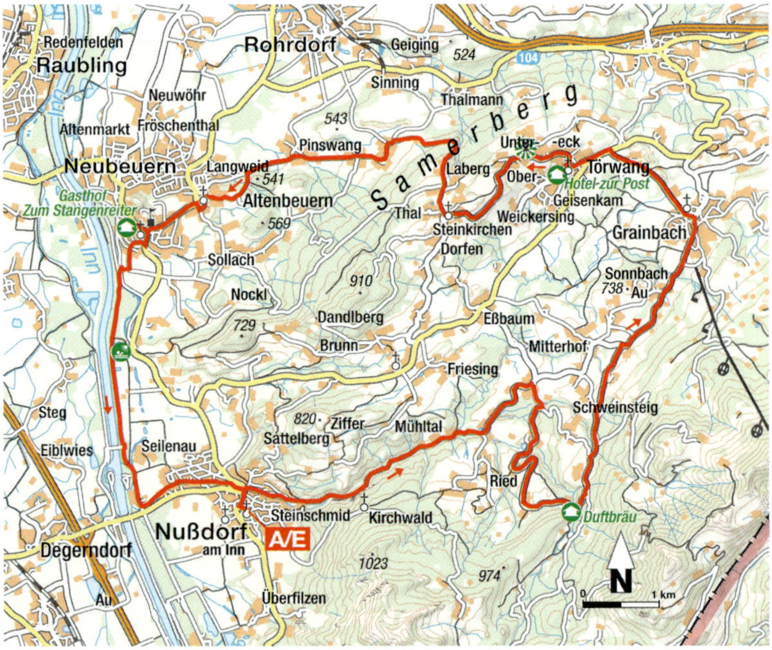

Das Wasser strömt abwärts, wir fahren aufwärts Wir beginnen unsere Radtour in Nußdorf an der Kirche St. Vitus und radeln auf der Dorfstraße zur großen Hauptstraße. Auf ihr geht es nach rechts zum Steinbach, den wir queren, um danach gleich rechts in den Mühltalweg einzubiegen. Nun geht es parallel zum Bach aufwärts. Wir kommen zum Weiler Mühltal und haben damit die ersten 80 Höhenmeter geschafft. Hier klappert noch das Mühlrad einer ehemaligen Getreidemühle, das wir uns natürlich ansehen möchten. Ein Stück weiter passieren wir ein Elektrizitätswerk, das schon vor 100 Jahren gebaut wurde. Damals begann das Zeitalter des Stroms am Samerberg. Weiter aufwärts geht es nach Holzmann, von wo wir geradeaus gen Grainbach radeln könnten. Wir schlagen jedoch eine schönere Variante vor, die uns fantastische Aussichten beschert. Deswegen biegen wir rechts in Richtung Duftbräu ab. Geht es zuerst noch recht gemütlich durch schattigen Wald, beginnt nach Sägmühl ein saftiger Aufstieg, der uns schon zum Schwitzen bringt. Aber die Sicht, die mit jedem Meter aufwärts besser wird, entschädigt uns für die Plage. Vor uns wächst der Heuberg mit seinen Nebengipfeln langsam aus den Wiesen der Daffnerwaldalmen heraus. An ihm vorbei schauen wir auf Nußdorf, unseren Ausgangspunkt, und über den Inn auf

das Mangfallgebirge mit seinem Wahrzeichen, dem Wendelstein. Mit dem großen Antennenmast ist er unverkennbar. Ein paar Meter noch und wir haben den Duftbräu auf knapp 800 Metern Höhe erreicht. Das weithin bekannte Gasthaus winkt mit einer Brotzeit, mit einem Mittagessen oder auch mit einer Kaffeepause. Übrigens, der Name kommt nicht daher, weil es hier so fein duftet, sondern von dem Tuffstein, der in der Nähe abgebaut wurde.

Wild rauscht das Wasser bei der ehemalige Getreidemühle im Mühlthal aus dem Becken.

Während in Törwang am Samerberg bereits der Frühling Einzug gehalten hat, liegt auf der Hochries immer noch Schnee.

Jetzt geht es bergab Unser nächstes Ziel ist Grainbach, und das liegt etwa 625 Meter tiefer als der Duftbräu. Wir fahren an der Gaststätte vorbei und umrunden den kleinen Stausee, und ab hier geht es fast nur noch abwärts bis Grainbach. Die vielen Wegweiser »Grainbach« oder »Törwang« sorgen verlässlich dafür, dass wir bei den Abzweigungen nicht falsch fahren. Wir passieren auf der rechten Seite die Talstation der Hochriesseilbahn und erreichen das Zentrum von Grainbach mit der Kirche St. Ägidius und Nikolaus. Die Kirche besitzt ungewöhnlich starke Mauern, die noch aus der Zeit der Romanik stammen, und eine feine Rokokoausstattung mit reichem Figurenschmuck.

Nach Törwang Fast eben fahren wir vom Grainbacher Kirchplatz auf der Samerstraße Richtung Törwang, dem zentralen Ort am Samerberg. Nach einem Kilometer entdecken wir links bei einem Abstecher ein wunderschönes Schwimmbad, das überdies frei zugänglich ist. Es ist im Sommer eine echte Verlockung zur Abkühlung, durch Pflanzenfilter wird es ständig gereinigt. Ansonsten geht es weiter auf der Straße und kurz danach treffen wir auf die Hauptstraße, die sich quer über den Samerberg zieht. Wir biegen links ein und fahren nach knapp 300 Metern schräg rechts in das Dorf Törwang hinein. Der Dorfplatz mit seinen wunderschönen blumengeschmückten Häusern gehört zu den schönsten Ensembles in Oberbayern. Aber Törwang hat noch mehr zu bieten. Gleich neben dem Hotel Post führt eine Straße rechts bergauf, die vielversprechend Zur Aussicht heißt. Wenn es auch nochmals kurz anstrengend wird, wollen wir die Gelegenheit nicht versäumen. Oben steht eine Kapelle neben einer mächtigen Eiche, die 1891 zum 70. Geburtstag des Prinzregenten Luitpold gepflanzt wurde. Die eigentliche Sensation ist jedoch die Aussicht. Wir stehen auf einem steil nach Norden abfallenden Hang, von West bis Ost behindert nichts die Fernsicht. So schweift unser Blick vom Wendelstein über die weiten Moore des verlandeten Rosenheimer Sees hin nach Rosenheim und dann östlich des Inn über die Moränenhügel auf den Simssee und auf den Chiemsee mit seinen Inseln. Drehen wir uns um, so liegt der Samerberg mit seinen vielen Weilern vor uns. Nach Süden baut sich die Hochries auf, die wie ein schützender Wall die Region abgrenzt.

Zurück im Inntal Nach der Schaurast fahren wir auf der Straße an der Kapelle weiter. In Obereck halten wir uns links. Jetzt geht es über die Felder direkt nach Steinkirchen mit seiner markan-

Die bemalten Bauernhäuser, darunter das Schusterhäusl von 1725, liegen am Dorfplatz in Törwang.

Gut, dass wir ein E-Bike haben, denn dann ist die Auffahrt zur Aussichtskapelle ein Kinderspiel.

ten Kirche (siehe Tipp). Wir fahren an der Kirche vorbei und biegen bei der T-Kreuzung rechts ab. Jetzt geht es steil abwärts, also unbedingt mit Umsicht fahren. Die Straße ist in einem guten Zustand, trotzdem verlieren wir bis zum nächsten Dorf Sachsenkam gut 200 Höhenmeter. Wir folgen den Schildern nach Neubeuern, fahren am Rand von Pinswang vorbei und kommen in einem schmalen Wald zu einer Abzweigung nach links. Als wir vorbeigefahren sind, konnten wir keinen Hinweis an der Abzweigung entdecken. Trotzdem nutzen wir den Weg, denn nach etwa 300 Metern finden wir linker Hand den aufgelassenen Mühlsteinbruch Hinterhör. Wir stellen unsere Räder ab, um auf einem guten Fußweg direkt zu dem Steinbruch zu kommen. In einer Felswand findet man die Stellen, an denen die Steine ausgebrochen wurden. Schautafeln erklären, wie hier von 1572 bis 1860 gearbeitet wurde. Nach der Besichtigung fahren wir nach Altenbeuern, treffen vor der Kirche auf die Straße Am Bürgl und erreichen nach links

Kunstschatzsuche

Die Kirchen auf dem Samerberg beherbergen kleine Kunstschätze. Es lohnt sich, einen Blick hineinzuwerfen. Im Chorraum von Steinkirchen hängt eine ausdrucksstarke gotische Figur: ein segnender Christus. Es ist nur mehr ein Fragment, aber es zählt dennoch zu den bedeutendsten Kunstwerken, die aus dieser Zeit erhalten geblieben sind.

Aussichtsreiche Rastbänke gibt es heute zum Glück mehrere an der Strecke.

die Eichendorffstraße. Jetzt rechts zur Samerstraße und auf ihr nach links nach Neubeuern. Wir fahren durch den Torturm und stehen auf dem historischen Marktplatz mit der Pfarrkirche Mariä Empfängnis. Über den Platz und den Ort wacht das Schloss Neubeuern, das bis in die zweite Hälfte des 12. Jahrhunderts zurückgeht. Seine Form stammt von dem Münchner Stararchitekten Gabriel von Seidl, es beherbergt heute ein Gymnasium mit angeschlossenem Internat.

Den Inn aufwärts Vom Marktplatz aus fahren wir durch den Torturm zurück und weiter den Berg abwärts zur ersten Querstraße, der Sailerbachstraße, in die wir rechts einbiegen. Wir überqueren links den Sailerbach und radeln auf der Ulmerstraße aus dem bebauten Gebiet heraus. An der Querstraße geht es kurz nach rechts zu den Häusern von Oberwöhr, wo wir etwas nach links versetzt den Breitnerbach überqueren. Auf der anderen Bachseite treffen wir auf den Mozart-Radweg und erreichen nun durch die Auwälder des Inns rasch den Neubeurer See. Der frei zugängliche See ist ideal für eine Abkühlung. Weiter in südlicher Richtung geht es zum Nußdorfer Innkraftwerk. Hier treffen wir wieder auf den Steinbach, dem wir nach links folgen. So kommen wir zurück nach Nußdorf.

20 Von Übersee nach Schleching

Durch das Achental

mittel | 52 km | 400 Hm | 4.30 Std.

Tourencharakter
Sehr schöne, abwechslungsreiche Runde, die nur aufgrund ihrer Länge als mittelschwer einzustufen ist. Einen etwas längeren Anstieg haben wir gleich zu Beginn.

Ausgangs- und Endpunkt
Übersee, Bahnhof

GPS
47.8218, 12.4869

E-Ladestation
Schleching: Tourist-Info; Unterwössen: Tourist-Info; Übersee: Strandbad

Anfahrt
ÖPNV: mit dem Zug nach Übersee am Chiemsee;
PKW: von München auf der A 8 Richtung Salzburg, Ausfahrt Übersee am Chiemsee

Einkehr
Es gibt mehrere Gasthäuser und Cafés auf der Strecke, etwa in Grassau oder Schleching. Mit einem kleinen Abstecher ist das Gasthaus Zellerwand bei der Rückfahrt entlang der Ache unweit von Mettenham erreichbar – unser Geheimtipp (www.gasthof-zellerwand.de).

Information
www.grassau.de

Mit einem großen Bogen über die Kendlmühlfilzn geht es von Übersee nach Grassau und ins Schlechinger Tal. Immer die Berge im Blick, ist diese Tour besonders abwechslungsreich, was auch an den vielfältigen Radwegen liegt. Besonders hervorzuheben sind die wunderbaren Rastplätze an der Tiroler Ache – also viel Vergnügen!

Über den Torfbahnhof Wir starten in Übersee am Bahnhof und radeln zum großen Kreisverkehr in Richtung Ortsmitte. Geradeaus über den Kreisverkehr radeln wir auf der Dorfstraße über den Moosbach, biegen dann rechts ab und passieren die Kirche. An der nächsten Ecke, beim Gasthof Hinterwirt, wenden wir uns

nach links, nur um gleich drauf rechts in die Hocherlacher Straße einzubiegen, der wir weiter folgen (Schild »Westerbuchberg«). Wir kommen zum Ortsteil Buchwald, wo sich die Straße gabelt, und halten uns rechts. Nun geht es aufwärts nach Westerbuchberg. Wer die Kirche besichtigen möchte, folgt der Straße einfach über die Kurve weiter aufwärts zu den Häusern. Unmittelbar vor der spitzen Linkskurve geht es jedoch für uns nach rechts weiter. Die Straße senkt sich durch den Wald und führt uns in einer weiteren Kurve bergab über eine Wiese. Gleich darauf biegen wir rechts ein und erreichen entlang der Gleise den ehemaligen Torfbahnhof. Der Torfbahnhof ist heute ein Museum (Öffnungszeiten unter www.grassau.de), auf Infotafeln erfahren wir viel über den Torfabbau und die Renaturierungsmaßnahmen.

Zur Kendlmühlfilzn Nach der kurzen Pause geht es für uns nach links weiter. Wir folgen der Radwegbeschilderung nach Grassau, die uns in einem Bogen am Rand der Kendlmühlfilzn entlang führt. Kurz vor Rottau geht es noch einmal links und dann wieder rechts, um weiter in der Nähe des Moores zu radeln. Nun

Linke Seite: Der ehemalige Torfbahnhof

Herrliche Radwege führen durch das Moor der Kendlmühlfilzn.

erreichen wir fast das Museum Salz & Moor Klaushäusl, das auf der anderen Seite der großen B 305 liegt. Eine Besichtigung der ehemaligen Pumpstation am Soleleitungsweg lohnt sich, vor allem ist auch ein nettes Café angeschlossen. Wer sich drei Kilometer Radweg sparen möchte, nutzt von hier einfach den separaten Radweg entlang der Straße. Ansonsten bleiben wir auf der Moorseite, folgen weiter der Radwegbeschilderung »Grassau« und erreichen einen kleinen Wanderparkplatz am Rand des Moores. Hier bleiben wir geradeaus und erkunden mit einem Schwenker das Moor auf dem Moorerlebnisweg etwas genauer. Mit einem Abstecher zu Fuß nach links erreicht man in wenigen Minuten den Ausichsturm. Im Anschluss verlassen wir die Kendlmühlfilzn, queren den Hindlinger Bach und steuern Grassau samt seinem Kirchturm an.

Über Piesenhausen nach Raiten So treffen wir an der Kirche Mariä Himmelfahrt auf die Dorfstraße, der wir nach rechts folgen. Am Ortsende, nach der Tankstelle, biegen wir links in den ausgeschilderten Radweg (»Piesenhausen/Marquartstein«) ein. Er führt uns in südlicher Richtung über die Felder nach Piesenhausen. Nach links geht es durch den Ort, der mit vielen schönen alten Bauernhäusern prunkt. Am Ortsende geht es rechts in den Hofweg, der zur Hofkapellenstraße wird. An ihrem Ende führt uns der Radweg in den Wald und die erste Steigung steht uns bevor.

Hinter Grassau ragen die felsigen Spitzen des Kaisergebirges in den Chiemgauer Himmel.

Zum Glück ist der Weg schattig und wir haben ja Schubkraft. Außerdem gibt es ab hier kaum weitere nennenswerte Steigungen. Im Wald wendet sich der Weg nach rechts und in der Nähe der Hofkapelle wieder nach links. Dann führt er zu einer Autostraße. Dieser folgen wir ein Stück nach rechts und biegen links in den Radweg ein, er ist bereits nach Schleching beschildert. Wieder geht es auf einem malerischen Weg durch Wald und über Wiesen und durch das Süssener Moos. Im Weiler Süssen stoßen wir erneut auf die Autostraße, der wir nun nach links folgen. In die nächste Straße, die Emperbichlstraße, biegen wir rechts ein, Radwegschilder führen uns gleich links nach Raiten, wo wir nach dem Raitner Wirt unterhalb der Wallfahrtskirche Maria zu den Sieben Linden auf einen Radweg stoßen. Diesem folgen wir nach rechts parallel zur Bundestraße.

E-Bike auf dem Achendamm zu fahren zaubert jedem ein Lächeln ins Gesicht.

Zum Bergsteigerdorf Schleching Das macht natürlich wenig Spaß und so sind wir froh, wenn wir sie möglichst schnell verlassen (wobei geradeaus der Straße folgend die einfachste Variante wäre). Deshalb biegen wir, kurz vor der Abzweigung zum Campingplatz Zellersee, rechts in den Waldweg ein. Achtung: Nur Wanderschilder bezeichnen die Stelle. Jetzt geht es mit etwas Abstand am Zellersee vorbei und dann unterhalb der Zellerwand, in der gerne Kletterer ihre sportlichen

Schleching

Schleching liegt nahe der Grenze nach Tirol. Es ist ein beliebter Ausgangspunkt für zahlreiche Wanderungen, nicht nur auf seinen Hausberg – den für die vielen Blumen berühmten Geigelstein –, sondern auch für seine grenzüberschreitenden Routen nach Kössen entlang der Tiroler Ache. Kein Wunder, dass Schleching zusammen mit Sachrang – das Dorf liegt auf der anderen Seite des Geigelsteins – das Prädikat eines Bergsteigerdorfes erhalten hat. Bewusst wendet man sich vom Massentourismus ab und setzt sich für den Erhalt der Natur, aber auch für Traditionen und Brauchtum ein, stets mit dem Ziel, den folgenden Generationen eine Heimat zu übergeben, die von Nachhaltigkeit geprägt ist.

Schleching im Achental

Künste beweisen, aufwärts zu einer Kreuzung am Waldrand. Mit bestem Blick über das Schlechinger Tal sausen wir abwärts und folgen an den nächsten Häusern in Mettenham rechts der Radwegbeschilderung über Mühlau nach Schleching. So erreichen wir das Bergsteigerdorf am Fuße des Geigelstein auf völlig verkehrsarmen, abseits liegenden Wegen. Im Gasthaus zur Post können wir uns niederlassen, bevor wir weiterradeln.

Fleißaufgabe Weil uns das Tal so gefällt, setzen wir die Tour noch ein kleines Stückchen fort. In Schleching am Rathaus folgen wir der Beschilderung »Ettenhausen über Wirtschaftswege«. Zwischen Tourist-Info und Musikpavillon geht es zur Schulstraße und schließlich über den Katzbachweg wieder über die Felder. Der Ausblick lässt keine Wünsche offen, auch wenn der Weg noch einmal etwas ansteigt. Hinter dem einsamen Hof wendet er sich nach links und bald geht es über den Alpbach nach Ettenhausen am Fuße des Geigelsteins.

Achendamm Nun folgen wir der Beschilderung »Unterwössen über den Achendamm«. Zunächst radeln wir noch ein bisschen durch Ettenhausen, dann biegen wir links in den Ulmenweg und schon geht es abwärts und in einem großen Bogen über die Felder zur B 307. Diese können wir unterqueren und erreichen den Achendamm. Jetzt radeln wir wieder nach Norden. Mit Abstand geht es an Schleching vorbei, und bald queren wir den Mühlbach, der sich hier mit der Tiroler Ache vereint. Die Kiesbänke eignen sich hervorragend zur Rast oder für ein Sonnenbad. Dahinter wendet sich der Weg nach links, aber schon bei den ersten Häusern von Mühlau geht es wieder nach rechts auf einen wunderbaren Waldweg. Fast immer leicht abwärts fahren wir nun am Fuße des Buchbergs und der Mettenhamer Filzen entlang. Kurz vor Raiten halten wir uns einmal rechts und dann geht es über ein Feld zur nächsten Achenbrücke, an der wir diesmal die Uferseite wechseln. Geradeaus kämen wir nach Unterwössen, wir halten uns aber gleich links und weiter geht es auf dem Flussradweg, der Beschilderung nach Grassau folgend. Schließlich biegt der Radweg nach rechts über einen Seitenbach weg vom Fluss und wir unterqueren die große B 305. Dann folgen wir links der kleinen geteerten Straße, der Alten Dorfstraße. Sie bringt uns vorbei an der alten Gränzmühle zur Brücke in Marquartstein. Diese müssen wir nicht queren, außer der Hunger treibt uns ins Dorfzentrum. Ansonsten bleiben wir auf der Uferseite in Flussnähe und folgen dem Radweg weiter nach Norden. Auch die nächste Brücke ignorieren wir, obwohl hier das Radwegschild nach Grassau weist. Wir bleiben weiter am Fluss und wechseln erst an der nächsten Brücke bei Staudach das Ufer.

Sonnenuntergang am See

Nördlich von Übersee liegt gleich der Chiemsee. Wer noch baden möchte oder den Sonnenuntergang anschauen will, ist am Strandbad gut aufgehoben. Nach Westen ausgerichtet, bestückt mit einigen Strandbars und auch einem Restaurant, ist für viele Annehmlichkeiten gesorgt.

Finale Für das letzte Stück gibt aber weiterhin der Fluss die Richtung vor. Es dauert sogar noch eine ganze Weile, aber dann geht es für uns unter der Autostraße hindurch und bereits wenige Umdrehungen später biegen wir kurz vor der Eisenbahnbrücke links ein. Übersee erreichen wir schließlich an der Bahnhofstraße, die uns in wenigen Minuten zu unserem Ausgangspunkt am Bahnhof zurückbringt.

21 Vom Chiemsee nach Waging und Traunstein

Das Beste im Chiemgau

mittel | 51 km | 550 Hm | 4.30 Std.

Tourencharakter
Schöne, aber wegen der vielen Hügel etwas anstrengende Rundtour auf Radwegen oder wenig befahrenen Nebenstraßen. Anfangs folgen wir dem Benediktradweg bis Aiging und am Schluss erneut.

Ausgangs- und Endpunkt
Chieming, Dampfersteg

GPS
47.8890, 12.5321

E-Ladestation
Fridolfing: Steinbergers Naschmarkt

Anfahrt
ÖPNV: mit dem Zug nach Traunstein und dort die Tour beginnen; PKW: auf der A 8, Ausfahrt Grabenstätt, weiter nach Chieming, zwei Parkplätze am Ortseingang beim Fahrradverleih (ganztägig gegen Gebühr)

Einkehr
Es gibt zahlreiche Gaststätten am Weg, vor allem in Waging und Traunstein. Ein sehr guter Italiener ist Pasta Arte am Taubenmarkt in Traunstein. Für Liebhaber der bayrischen Küche empfiehlt sich der Gasthof Schnitzenbaumer am oberen Ende des Aufzuges in der Traunsteiner Altstadt.

Information
www.chieming.de

Auf dieser Radtour, die stellenweise dem Benediktradweg folgt, pendeln wir zwischen dem Chiemsee und dem Waginger See durch den Chiemgau. Viele Moränenhügel modellieren die wunderbare Landschaft, und mit Traunstein besuchen wir eine lebendige Kleinstadt mit Geschichte.

Auf dem Benediktradweg nach Aiging Wir starten in Chieming am Dampfersteg der Chiemseeschifffahrt, fahren am Restaurant Haus am See vorbei und radeln rechts über den Platz auf der Straße Markstatt vor zur Hauptstraße. Links wählen wir die Stötthamer Straße. Auf ihr erreichen wir die Josef-Heigenmooser-Straße, wo wir der Radwegbeschilderung nach Egerer (bzw. dem Benediktradweg) an den Sportstätten und an der Schule vorbei folgen. Eine Unterführung bringt uns auf die andere Seite der Hauptstraße. Jetzt folgen wir den Schildern »Waginger See« und biegen von der Truchtlachinger Straße kurz darauf rechts in die Sondermoninger Straße ein. Leicht aufwärts erreichen wir über die Felder Sondermoning (die Kirche ist sehenswert!). Wir queren die Hauptstraße in die Harter Straße und radeln auf ihr zur Chieminger Straße, der wir für 600 Meter nach links folgen. Dann biegen wir rechts Richtung Nußdorf in den Wald ein. Die Straße steigt an, zum Glück hilft uns der Strom. In Nußdorf führen uns die Schilder »Waginger See« um den Ortskern herum. Dann rollen wir abwärts zur B 304 und unter den Gleisen durch weiter nach Aiging.

Nach Waging Jetzt verlassen wir den Benediktradweg, folgen weiter den Schildern nach Waging (Mozartradweg) und überqueren die Traun. Auf einer kleinen Straße erreichen wir Kaltenbach und dann geht es steiler die Hügel hinauf nach Neuhausen und Kammer. Kurz hinter dem Ort haben wir es fürs Erste geschafft und rollen abwärts nach Otting, das wir mit einem kleinen Aufschwung erreichen. Dort entlang der Hauptstraße fahren

An der Uferpromenade am Waginger See

wir kurz nach rechts, passieren die Kirche und radeln nach links über Plosau und dann rechts haltend steil bergab nach Waging, das wir durch die Bahnhofstraße erreichen. Für eine Schaurast in der Ortsmitte oder zum Einkaufen einer Brotzeit nehmen wir uns kurz Zeit, für eine Einkehr oder einen Picknickplatz bevorzugen wir das Seeufer. Um dorthin zu gelangen, biegen wir kurz vor der St. Martinskirche rechts in die Salzburger Straße ein und wählen dann links die Strandbadallee, die uns am Kurpark vorbei und über die große Ortsumgehungsstraße an den Waginger See führt. Am Strandkurhaus ist nun Zeit für eine längere Pause. Die Strandabschnitte verführen zu einem Sprung in den Waginger See, immerhin einer der wärmsten in Oberbayern.

Ettendorfer Kirche außerhalb von Traunstein

Benediktradweg Nach dem Bad geht es auf der Seestraße zurück, aber nach den Tennisplätzen biegen wir links ein. In einem östlichen Bogen kommen wir so an einen Kreisverkehr der Waginger Umgehungsstraße, der wir noch für 200 Meter nach links folgen. Dann biegen wir links Richtung Haslach ab und sind nun auf dem Benediktradweg angekommen. Bis Traunstein folgen wir dem Symbol des bayerischen Papstes: einer Mitra und dem Bischofsstab. Jetzt heißt es wieder kräftig in die Pedale treten, denn der Weg steigt über Haslach und Untermosen nach St. Leonhard am Wonneberg an. Im Ort geht es links in die Pater-Bernhard-Straße und dann den Benediktschildern folgend durch Wald, über Wiesen und durch Flure nach Lauter. Dort halten wir uns rechts, immer an der Bahn entlang. Wir queren die Bahnstrecke und fahren durch den Ortsteil Hufschlag, um nach dem Feld mit der Ettendorfer Kirche, links den Berg abwärts und erneut die Gleise querend, zur Traunsteiner Altstadt zu gelangen.

Tagesausklang

Zum Ausklang des Tages kann man sich am südlichen Ende des Strandbads in Chieming in das Restaurant Sonnendeck setzen, entweder mit Selbstbedienung direkt am Strand oder mit Service im Lokal. Ein perfekter Platz für einen Sonnenuntergang!

Traunstein Dafür radeln wir gleich darauf über die Traun auf der Gasstraße Richtung Altstadt. Hier bietet die Stadt noch ein kleines »Zuckerl« für uns

In Chieming können wir den Tag herrlich am Chiemsee ausklingen lassen.

Radfahrer. Wenn wir, noch unten auf Flussniveau, auf die Schützenstraße stoßen, führt etwas nach links versetzt ein schmaler Weg durch einen Torbogen zur Mühlenstraße. Wir fahren sie nach rechts entlang, dann sehen wir an der langen Hallerstiege, wie hoch die Altstadt über dem Fluss liegt. Dort gibt es einen Aufzug, der uns samt Fahrrad auf das Niveau der Altstadt bringt. In der Altstadt können wir erneut eine Pause einlegen, der quirlige Stadtplatz, an dem immer viel los ist, bietet sich idealerweise dazu an.

Wieder zum Chiemsee Am Stadtplatz von Traunstein beginnt die letzte Etappe unserer Fahrt. Wir radeln an der Pfarrkirche und am Brothausturm vorbei in die Bahnhofstraße, biegen vor dem Bahnhof links ab, unterqueren die Schienen und fahren auf der Äußeren Rosenheimer Straße zur Bahnbrücke. Wir überqueren sie und dann geht es sofort links in die Chiemseestraße. Ab hier gibt es wieder einen Radweg. Er bringt uns, nachdem wir die Hauptstraße durch eine Unterführung gequert haben, nach Erlstätt. Dort geht es links in die Traunsteiner Straße und wir biegen nach der Pfarrkirche rechts ein und kommen über die Raiffeisen- und Innerlohener Straße Richtung Grabenstätt. In Oberhochstätt richten wir uns dann jedoch nach rechts in Richtung Chieming zurück. Nach weiteren eineinhalb Kilometern verzweigt sich die Straße, links abwärts kommt man direkt beim Freibad an den Chiemsee und somit wieder zu unserem Ausgangspunkt.

22 Zum Waginger See

Panoramatour im Rupertigau

leicht | 28 km | 350 Hm | 3 Std.

Tourencharakter
Rundtour auf kleinen Nebenstraßen, Rad- und Forstwegen. Am Beginn ist es etwas hügelig, ab Fridolfing verläuft die Rückfahrt fast eben. Es gibt tolle Picknick- und Raststellen sowie eine Bademöglichkeit!

Ausgangs- und Endpunkt
Kirchanschöring, Bahnhof

GPS
47.9535, 12.8318

E-Ladestation
Fridolfing: Steinbergers Naschmarkt

Anfahrt
ÖPNV: Der Bahnhof Kirchanschöring liegt an der Bahnstrecke Mühldorf–Freilassing; PKW: Salzburger Autobahn A 8, Ausfahrt Traunstein, über Traunstein und Waging am See nach Tettenhausen und weiter nach Kirchanschöring, Parkplätze am Bahnhof

Einkehr
Möglichkeiten sind das Strandbad Tettenhausen am Waginger See, das Gasthaus Unterwirt in Fridolfing, der Dorfwirt Fridolfing und das sehr nette Café Steinbergers Naschmarkt. In Kirchanschöring wartet der Saliterwirt.

Information
www.waginger-see.de

Panoramatour heißt die Runde und macht dabei ihrem Namen alle Ehre. Die herrlichsten Aussichtspunkte bremsen uns immer wieder aus. Am besten bringen wir eine eigene Brotzeit mit, denn so traumhaft schön wie an diesen Plätzen kann man sonst nicht einkehren.

Zum Waginger- und Tachingersee Unser heutiger Rundweg ist von Anfang bis zum Ende hervorragend mit einem kleinen, fast quadratischen Bergpanorama-Symbol beschildert. So starten wir am Kirchanschöringer Bahnhof und radeln zur Hauptstraße vor. Dort biegen wir rechts, dem Panoramaschild folgend, auf den Radweg ein. Kurz nach dem Ortsende geht es rechts auf die ansteigende Straße. Gut, dass wir Motorunterstützung haben, aber wir müssen auch selbst kräftig in die Pedale treten, denn der Weg bringt uns in westlicher Richtung im Auf und Ab voran. Vorbei

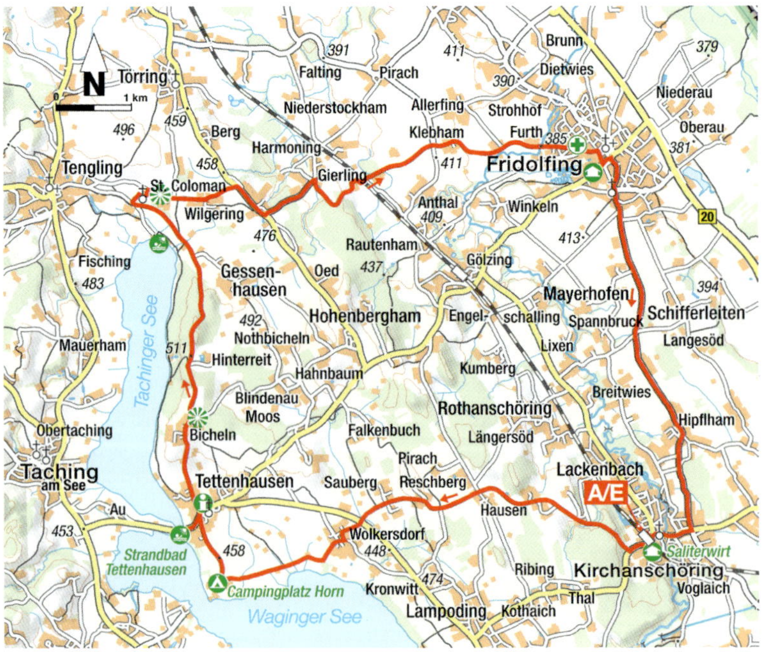

an einigen großen Bauernhöfen geht es über Felder. Es dauert nicht lange und vor uns liegt schon der große Waginger See. Bei Wolkersdorf queren wir dann eine größere Autostraße. Hier verlassen wir minimal unsere ausgeschilderte Tour, sie würde parallel zur Straße nach rechts weiterführen. Wir hingegen radeln geradeaus nach Wolkersdorf hinein und verlassen den Weiler mit einem Links-rechts-Schwenk auf den Mozart-Radweg. Mit Blick über den Waginger See geht es über den Campingplatz Horn nach Tettenhausen, wo wir unbedingt einen kleinen Abstecher nach links ans Seeufer unternehmen sollten. Von der Brücke zwischen dem Tachinger und dem Waginger See hat man eine tolle Sicht, außerdem kann man hier ins Wasser hüpfen oder im Strandbad einkehren. Zurück in der Tettenhausener Ortsmitte folgen wir links wieder der Beschilderung »Panoramatour« nach Bicheln in nördlicher Richtung.

Mehr als nur ein Panorama Wieder sind wir glücklich über unsere E-Bikes, denn es geht bergauf, noch dazu sehr sonnig. Aber in Bicheln haben wir es geschafft. Ganz oben wartet an der Wegegabelung eine Rastbank. Hier müssen wir unbedingt anhalten und die Aussicht auf uns wirken lassen. Der See glitzert in der Sonne und am Horizont ist das gesamte Ausmaß der Chiem-

Bei Tettenhausen gibt es nicht nur ein Strandbad, auch Ruderboote kann man dort ausleihen.

Klein, aber oho

Für ein kleines Dorf ist in Fridolfing ganz schön viel los. Das ganze Jahr über gibt es Feste und Veranstaltungen, vom Dorffest über ein Kinderfest bis hin zum Holz- und Töpfermarkt oder Bauernmarkt. Rund um Fridolfing findet man einige sehr gute Hofläden wie das Hofcafé Kuhle Muh, Attl's Bio Ziegenhof oder die Aichermühle Eizing, bei denen man sich mit regionalen Produkten für Zuhause eindecken kann

gauer und Salzburger Alpen zu sehen. Vor uns liegen ein paar Löwenzahnwiesen und duftende Apfelbäume. Für dieses Frühjahrerlebnis gibt es kaum Worte. Losreißen fällt schwer, aber es folgen ja noch weitere Highlights. So geht es nun nach links, bald in den Wald hinein. Der Weg wird zum Forstweg und führt locker flockig bergab. Wir müssen nicht einmal treten – eher bremsen! Kaum aus dem Wald, sehen wir vor uns schon das kleine Kirchlein St. Coloman auf der Anhöhe. Wer noch einmal ins Wasser hüpfen möchte, fährt hier ans Strandbad, ansonsten geht es rechts steil hinauf zur Kirche. Auch hier werden wir vom Panorama verwöhnt. Eine Tafel erklärt den endlosen Gipfelreigen. So schön kann Schauen sein! Kunstinteressierte können auch noch in die Kirche blicken. Leider ist die uralte, kunstvoll mit Eisen verzierte Tür meist geschlossen. Aber durch eine kleine Öffnung auf der Westseite können wir einen Blick auf den Flügelaltar werfen.

Die Landschaft im Chiemgau ist von Hügeln und Seen geprägt.

Die Kirche in Fridolfing ist im neugotischen Stil erbaut.

Über Fridolfing Von der Kirche aus folgen wir der Zufahrtsstraße die wenigen Meter bis zur kleinen Straße, in die wir rechts einbiegen. Über Langwied und Gierling geht es dann bergab, unter den Gleisen hindurch und immer geradeaus nach Fridolfing hinein. Der kleine Ort bietet sich ebenfalls für eine Pause an. Die Pfarrkirche Mariä Himmelfahrt gilt als größte Dorfkirche Deutschlands, sie wurde im neuromanischen Stil von 1891 bis 1893 erbaut. Wunderschön sind die vielen bienenfreundlichen Blumenbeete in der Ortsmitte. Für die Rückfahrt folgen wir einfach wieder den Panoramaschildern, die uns am südlichen Ende des Platzes zunächst nach links auf die Hadrianstraße schicken und dann gleich rechts in die St. Johann Straße. Diese führt an der Kirche St. Johann vorbei und dahinter schnurgerade nach Süden. Wir passieren eine mächtige 250–300 Jahre alte Linde mit einem Umfang von 5,7 Metern, neben der die Staller-Kapelle steht. Völlig bequem, uns reicht die kleinste Stufe des Akkus, geht es fast eben über die Felder. Wir durchqueren den Ort Hipflham und sind kurz darauf wieder in Kirchanschöring. Die Laufener Straße bringt uns nach rechts zurück zum Bahnhof.

23 Von Ruhpolding nach Inzell und Siegsdorf

Im Zeichen der Eiszeit

mittel | 35 km | 350 Hm | 3 Std.

Ausgangs- und Endpunkt
Ruhpolding, Bahnhof

GPS
47.7621, 12.6487

E-Ladestation
Ruhpolding: Café Chiemgau, Fahrradverleih Rad Geber, Ski Huber; Inzell: Raiffeisenbank oder Radverleih Rad Geber

Anfahrt
ÖPNV: Ruhpolding liegt an der Bahnstrecke von Traunstein, Endstation; PKW: von München auf der A 8 Richtung Salzburg, Ausfahrt Traunstein/Siegsdorf, Richtung Süden über Siegsdorf bis Ruhpolding, Parkplätze gibt es im Ortszentrum am Bahnhof.

Einkehr
Unterwegs treffen wir auf die urige Kesselalm bei Inzell mit Sonnenterasse und gemütlicher Stube und frisch gebackenem Kaiserschmarrn. Ebenfalls an der Strecke liegt bei Hammer der schöne Hammerwirt mit Biergarten. In Ruhpolding gibt es zum Abschluss noch viele Eisdielen und Lokale.

Information
www.ruhpolding.de, www.siegsdorf.de

Unsere Runde steht heute ganz im Zeichen der Eiszeit. Als Symbol begleitet uns das Mammut »Rudi«, das in dieser Gegend während der Eiszeit lebte und das wir uns in natura noch in Siegsdorf im Museum ansehen können.

Die Weiße Traun bei Ruhpolding

Nach Inzell Am südlichen Ende des Bahnhofs, am neuen Kreisverkehr, starten wir unsere Tour in die Waldbahnstraße. Nach einem kurzen Stück halten wir uns vor der starken Linkskurve rechts über die kleine Brücke und sind flussaufwärts an den Tennisanlagen vorbei auf einem Radweg, wo wir auch bald auf den ersten Wegweiser der Eiszeitrunde mit dem Mammut »Rudi« stoßen. Zunächst bleiben wir geradeaus, dann überqueren wir an einem kleinen Steg die Traun. Gleich nach der Brücke halten wir uns rechts und folgen nun stets dem Windbach über alle Straßen hinweg und mitten zwischen dem Golfplatz hindurch. Mit einem Links-rechts-Knick geht es dann immer noch am Windbach entlang in den Bergweg Infang. Jetzt beginnt der anstrengende Teil der Tour. Anfangs noch sacht, dann aber immer steiler geht es am Bach entlang bergauf. Wir lassen alle Abzweigungen unberücksichtigt und erreichen schließlich den Scheitelpunkt. Eine herrliche Aussicht auf den Rauschberg belohnt uns für die Mühen, sogar eine Ruhebank steht für die Pause bereit. Anschließend gleiten wir eher gemütlich und mit weiter Sicht an mächtigen Bauernhöfen, dem Froschsee und der Kesselalm vorbei ins Inzeller Becken.

Tourencharakter

Herrliche Rundtour entlang der Traun, die ein wenig Kondition voraussetzt. Die Steigungen gleich zu Beginn der Tour sind mit dem E-Bike eine Kleinigkeit. Danach geht es ganz gemütlich auf dem Traun-Alz-Radweg durch den Chiemgau.

Über die ehemalige Soleleitung Im Tal biegen wir links ab und passieren die Liebfrauenkirche in Niederachen, einem Ortsteil von Inzell. Um eventuell in der Ortsmitte für einen Eiskaffee einzukehren, müssten wir uns für einen Abstecher rechts halten. Ansonsten geht es links, weiter dem »Rudi« folgend, bald auf den Salinenweg, der uns nun mal mehr, mal weniger entlang der roten Traun nach Hammer führt, wo das große Gasthaus mit einer Einkehr lockt. Für die Weiterfahrt bleiben wir aber auf der rechten Flussseite und radeln entlang der ehemaligen Soleleitung gegen Norden. Beim Sägewerk in Frauenstätt wechseln wir die Uferseite und folgen weiter der Beschilderung durch einige Weiler. Schließlich unterqueren wir die Autobahn, halten uns dann links und müssen am Edeka erneut links abbiegen. Dann führt der Weg nach rechts, unter der Bundesstraße hindurch und schon überqueren wir nach dem Parkplatz die Weiße Traun. Wenige Meter flussabwärts wird dann aus dem Zusammenfluss der Roten und Weißen Traun die eigentliche Traun. Am Freibad wenden wir uns nach links und folgen der Weißen Traun durch Siegsdorf. Am Kreisverkehr geht es über den Fluss. Links lohnt sich der Abstecher ins Mammutmuseum, wo wir nicht nur »Rudi« in voller Lebensgröße sehen, sondern sehr viel mehr Wissenswertes über die Eiszeit er-

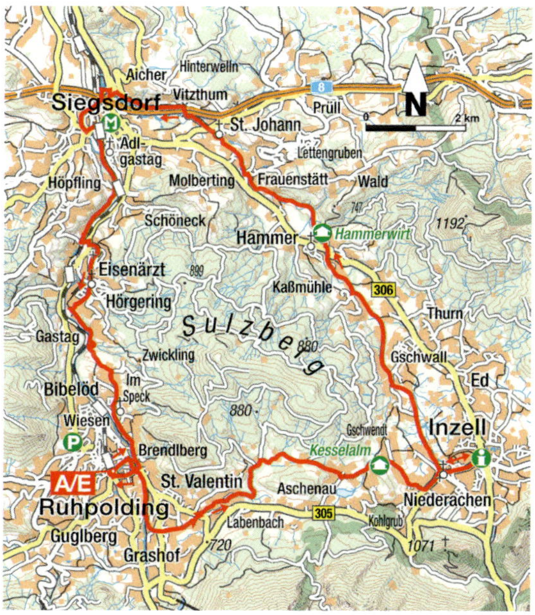

In Ruhpolding finden wir Eisdielen, Wirtshäuser und Cafés.

fahren. Wer sich völlig dem Eis hingeben möchte, dem sei noch die leckere Eisdiele Buon Gelato am Kreisverkehr empfohlen.

Entlang der Weißen Traun Für die Rückfahrt folgen wir der Siegsdorfer Hauptstraße und biegen dann rechts in die Ruhpoldingerstraße ein. Kurz bevor wir die Gleise queren würden, wenden wir uns rechts auf einen Radweg, der uns nach Süden führt. An der nächsten Brücke wechseln wir das Ufer, das Gleiche machen wir noch einmal kurz vor Eisenärzt. Mit einem letzten kleinen Anstieg geht es durch die Orte Hörgering und Vordermiesenbach und wir erreichen schließlich wieder Ruhpolding, wo wir nach rechts über den Fluss zur Ortsmitte und zu unserem Ausgangspunkt zurückradeln. Wer noch auf seinen Zug warten muss, dem empfehlen wir das nahe Café Schuhbeck Brot und Kaffeehaus am Kreisverkehr. Rustikal und modern sitzt man innen und draußen gibt es eine große Sonnenterrasse – alles in allem ein gelungenes Finale nach unserer Tour.

Ruhpolding

Ruhpolding ist durch seinen Biathlon-Weltcup bekannt. Doch der Ort bietet neben dem Spitzensport noch mehr: Ski und Langlauf für alle und in der warmen Zeit gut markierte Wanderwege und genügend Gelegenheiten zum Baden. In der Pfarrkirche steht eine romanische Madonna, die Weltruf besitzt, und an der Filialkirche St. Valentin finden wir zum Gedenken an die Verstorbenen Totenbretter, die früher im ganzen Chiemgau üblich waren, aber jetzt fast völlig verschwunden sind. Das Heimatmuseum im herzoglichen Jagdschloss entführt in das Leben der einfachen Menschen, während das Holzknechtmuseum und die Glockenschmiede vergangenes Handwerk sichtbar machen.

Inzell ist vor allem für Wintersportarten bekannt, im Sommer genießen Wanderer und Radfahrer den ruhigen Ort.

24 Von Bad Reichenhall um den Högl

Einsame Wege zwischen Saalach und dem Rupertiwinkel

leicht | 40 km | 400 Hm | 4 Std.

Tourencharakter
Eine technisch einfache Tour auf Radwegen und kleinen Nebenstraßen. Im Mittelteil stehen die Steigungen an.

Ausgangs- und Endpunkt
Bad Reichenhall, Bahnhof

GPS
47.731245, 12.882524

E-Ladestation
keine entlang der Strecke, also Akku im Vorfeld gut aufladen

Anfahrt
ÖPNV: mit dem Zug nach Bad Reichenhall; PKW: auf der Salzburger Autobahn A 8 zur Ausfahrt Bad Reichenhall, Parkplätze an der Rupertus Therme, dann die Tour von dort beginnen

Einkehr
Einige gute Gasthäuser liegen am Weg, etwa der Klosterwirt am Höglwörther See, das Café Restaurant Ulrichshögl oder der Auwirt in Hammerau.

Information
www.berchtesgaden.de

Der Högl ist ein 827 Meter hoher Berg, der den Chiemgauer und Berchtesgadener Alpen vorgelagert ist. Wer oben hinauf will, muss sich wirklich sehr anstrengen. Leichter und landschaftlich nicht weniger reizvoll ist seine Umrundung, die uns ebenfalls schöne Ausblicke auf den Rupertiwinkel schenkt.

Springbrunnen und Gradierwerk im Bad Reichenhaller Kurpark

Durch Bad Reichenhall Wir beginnen unsere Radtour am Bahnhof in Bad Reichenhall und radeln auf der Wittelsbacherstraße in Richtung Süden. Vorbei am Spielcasino und dem Kurgastzentrum geht es rechts in die Luitpoldstraße, dann rechts in die Weißstraße und links in die Friedrich-Ebert-Allee. Rechts von uns liegt der schöne Rupertuspark und vor uns die Rupertus Therme, die wir gleich erreichen. Die große Bundestraße unterqueren wir und sind gleich darauf an der Saalach, die uns nun nach rechts bis Piding begleiten wird.

Saalach-Radweg Kein Verkehr stört diesen schönen Streckenabschnitt. Bald radeln wir unter der Eisenbahnstrecke hindurch und dann geht es durch die Auwälder der Saalach, die sich besonders in der Marzoller Au mit ihren vielen Altwasserbecken urwüchsig zeigen – ein idyllisches Feuchtbiotop, das von vielen Wanderwegen erschlossen ist. Schließlich wechseln wir am Pidingersteg die Uferseite. Dort geht es rechts auf dem Salzhandelsweg unter der Autobahn hindurch und dann links nach Piding hinein, die Kirchturmspitze anvisierend.

Nach Höglwörth Nun ist unsere Runde gut als Radweg ausgeschildert (»Rund um den Högl«), dem wir bis auf einige Ausnahmen folgen. So verlassen wir Piding auf der Wis-

Höglwörth mit seinem ehemaligen Kloster auf einer Halbinsel

bacherstraße. Am Ortsende beginnt ein separater Radweg parallel zur Bundestraße, den wir aber nach wenigen hundert Metern links in den Innebergweg verlassen. Hinter uns liegt nun deutlich erkennbar der Högl, der nördlichste Berg im Chiemgau, wie ihn einige Einheimische scherzhaft nennen. Durch seine hohe Antenne ist er gut von Weitem identifizierbar. Bald geht es rechtslinks über die Felder und wir gelangen an die Stoißer Ache, der wir rechts über Schrattenbach nach Anger folgen. Mit etwas Abstand passieren wir das Porschemuseum und dürfen dann nicht vergessen, in Anger auf den Stadtplatz hinaufzuradeln: Er gilt als der größte Dorfplatz in Bayern. In Anger verlassen wir für ein Stück die Radwegbeschilderung und radeln zunächst auf dem Bodensee-Königssee-Radweg weiter bis Höglwörth am gleichnamigen See. Dort lockt nicht nur das Wasser für einen Badestopp, auch der Biergarten im Klosterwirt ist eine Pause wert, und das idyllische Kloster gehört ebenfalls besichtigt

Um den Högl Gut gestärkt geht es danach an die Auffahrt. Wir folgen vom Klosterwirt der Fahrstraße aufwärts und biegen dann für ein kurzes Stück links auf die Landstraße ein. Das fordert unsere Kraft und die des Akkus! Gleich nach den Bäumen verlassen wir die Straße und es geht nach rechts. Die kleine Straße kurvt um die Bauernhäuser von Eggenholz und Posch zu einer größeren Landstraße, in die wir links einbiegen und somit wieder auf dem »richtigen« Radweg um den Högl sind. Nun geht es immer an dessen Fuß entlang, bald aufwärts mit etwas Abstand am Ort Steinhögl vorbei. Unser nächstes Ziel ist Vachenlueg mit

Bis nach Anger verlaufen die Wege noch flach und eben.

seiner Wallfahrtskirche, das wir abwärts und dann scharf rechts abbiegend erreichen. Jetzt sind wir schon auf der Nordseite des Högls angelangt. In Ottmaning verlassen wir die Straße nach links und erreichen auf einem Feldweg in einem Bogen Thundorf. Am Ortsende beginnt wieder ein Radweg, den wir aber kurz darauf nach rechts verlassen. Jetzt geht es schweißtreibend steil aufwärts, um über Rabling den Ulrichshögl zu erklimmen. Oben werden wir mit einer schönen Aussicht belohnt. Es ist sicherlich kurz Zeit, ein wenig anzuhalten. Dann geht es auf der Straße weiter zu einer kleinen Landstraße, der wir links über Mühlstatt nach Ainring folgen. Hier haben wir es nun geschafft, ab jetzt verläuft der Rückweg immer angenehm eben.

Salz überall

Hal war eine alte Bezeichnung für Salz. Übersetzt man den Namen »Reichenhall« in »Reiche Salzstadt«, so liegt man wohl nicht falsch. Das Salz und die Saline haben den Ort immer bestimmt. Wenn die Saline auch inzwischen in einen modernen Industriebau verlegt wurde, bestimmt der Vorgängerbau doch noch immer den Ort. Obwohl seit 1929 dort kein Salz mehr gesotten wird, sind alle Anlagen funktionsfähig. Bei einer Führung kann man sie besichtigen. Der Kurbetrieb in Reichenhall begann 1846, dazu war natürlich ein Kurpark vonnöten, den die Reichenhaller schon 1868 durch den Hofgärtner Carl von Effner anlegen ließen. Er ist noch heute die grüne Lunge der Stadt. Eines der interessantesten Gebäude im Park ist das Gradierwerk, durch das langsam Sulzsole tropft und dabei die Luft mit Spuren von Salz anreichert. Eine Wohltat für Menschen mit Atemwegserkrankungen.

Wieder an die Saalach Unmittelbar vor der kleinen Ainringer Kirche biegen wir rechts in den Feldweg ein, abwärts zur nächsten Landstraße, der wir nach rechts folgen. Sie bringt uns nach Hammerau. Dort queren wir die Gleise und biegen links in die Bahnhofstraße ein, die uns in einem Bogen zur großen B 20 führt. Ihr müssen wir zum Glück nur für wenige Meter nach rechts folgen, dann geht es links in den Walserweg. Kurz darauf sind wir rechts haltend schon wieder auf dem Saalach-Radweg. Nun folgen wir dem Flusslauf und radeln stets mit den Berchtesgadener Bergen im Blick sicher und ohne Autoverkehr bald wieder auf bekanntem Weg zurück nach Bad Reichenhall.

Diesen Feldweg wählen wir ab der Kirche St. Laurentius in Ainring.

25 Durch das Klausbachtal ins Hintertal

Unter Felswänden in den Naturpark Weißbach

mittel | 22 km | 650 Hm | 3 Std.

Ausgangs- und Endpunkt
Hintersee, Ramsau

GPS
47.604379, 12.849538

E-Ladestation
Nur in Berchtesgaden

Anfahrt
ÖPNV: nicht möglich;
PKW: auf der Salzburger Autobahn A 8 zur Ausfahrt Bad Reichenhall, dort Richtung Schneizlreit und dann in Unterjettenberg rechts auf der deutschen Alpenstraße Richtung Ramsau fahren. Kurz hinter Wachtl rechts zum Hintersee, dort gibt es Parkplätze.

Einkehr
Viele tolle Einkehrmöglichkeiten liegen entlang des Weges, darunter das Gasthaus Hirschbichl, die Litzlalm und die Bindalmen. Zum Abschluss warten einige Gasthäuser am Hintersee, wobei der Gasthof Auzinger sehr zu empfehlen ist.

Information
www.berchtesgaden.de

Dramatisch begleiten die Felswände von Mühlsturzhorn und Hochkalter unseren Weg durch das Klausbachtal ins Hintertal. Wie bei einer Bergtour erleben wir Almen und Aussicht in einer der schönsten Bergregionen des Berchtesgadener Landes.

Still ruht der Hintersee am Morgen.

Start am Hintersee Wir beginnen unsere Radtour am Hintersee. Von dort geht es in Richtung Süden, vorbei am Gasthaus Auzinger zum Ende der für den öffentlichen Verkehr freigegebenen Straße. Eine Schranke versperrt die weitere Zufahrt ins Klausbachtal und zum Hirschbichlpass – für den Wanderbus, Fußgänger und für uns Radfahrer ist die Straße aber freigegeben. So passieren wir nach wenigen Metern die Informationsstelle des Nationalparks Berchtesgadener Land, die in einem schönen historischen Bauernhaus untergebracht ist, und fahren gemütlich die schmale historische Passstraße ins Klausbachtal hinein.

Klausbachtal Anfangs kaum merklich, steigt unsere Straße langsam steiler an. Wir sind froh über die Akkuleistung, dann müssen wir uns nicht zu sehr anstrengen und es bleibt mehr Zeit für den Genuss der schönen Landschaft. Links von uns türmt sich der Hochkalter auf, während sich rechts von uns das Mühlsturzhorn in den Himmel schraubt. Eine gewaltige Bergszenerie mit ihren steilen Felsen und Zacken, die schier unbezwingbar erscheinen. Dass diese Berge Macht und Gewalt haben, merken wir spätestens, wenn wir uns den Geröll- und Schutthalden nähern. Sie donnerten vor gar nicht langer Zeit vom Mühlsturzhorn hinunter ins Tal und verschütteten nicht nur die Straße, sondern auch den Bach Hirschbichlklausgraben, der links von uns durch das steinige Tal fließt. Als man den Weg wieder herrichtete, wurde an dieser Stelle die wunderbare Hängebrücke gebaut, die wir

Tourencharakter

Eine technisch einfache Tour auf einer kleinen, geteerten Forststraße, ab der Grenze ist sie teilweise mit Schotter befestigt. Im Verlauf erwarten uns einige Höhenmeter, eine kurze Stelle ist ziemlich steil, aber mit dem E-Bike gut zu meistern. Vom Hirschbichl aus ist das kurze Stück zur Bindalm für Radfahrer gesperrt, also entweder schieben oder stattdessen weiter ins Tal fahren und dann wieder hinaufradeln. Der Rückweg führt dann nur noch bergab, größtenteils auf dem Hinweg.

als Radfahrer zwar nicht benutzen, aber ansehen können wir sie uns trotzdem. Danach geht es auf der Straße weiter in Richtung Hirschbichl – auch hier sind wir wieder dankbar für die Unterstützung unseres E-Bikes, denn an einer kurzen Stelle wird der Weg noch einmal richtig steil.

Hirschbichl Aber schließlich erreichen wir die Grenze nach Österreich am Gasthaus Hirschbichl. Der Übergang am Hirschbichlpass, der übrigens nicht genau am Gasthaus liegt, ist schon seit dem 13. Jahrhundert bekannt. Damals war er einer der vielen Saumpfade, die die Alpen durchzogen. Über den Hirschbichl führte der historische Salzhandelsweg von Berchtesgaden ins österreichische Pinzgau. Im Lauf der Geschichte wurde der Pass ausgebaut und militärisch befestigt. Ein erstes Schankrecht, um die Säumer und Reisenden zu bewirten, gab es bereits 1738. Im Jahr 1805 wurde das Wachthaus dann zu einem Gasthaus umgebaut, und das steht heute noch. An der Grenze beim Gasthof Hirschbichl endet die Straße für den Wanderbus. Aber wir wollen noch ein Stück weiter, um einen Blick hinüber in den Naturpark Weißbach zu riskieren und die Litzlalm zu besuchen.

Almhütten aller Art

Das hintere Klausbachtal weitet sich kurz vor der Grenze zum Pinzgau zu einem flachen Kessel, ideal zur Sömmerung von Vieh. Hier stehen vier Almhütten, die Bindalmen, malerisch gedeckt mit Legschindeln, die von schweren Steinen gehalten werden. Sie werden hier Kaser genannt. Das Wort hat übrigens nichts mit dem Käse zu tun, der auf zwei der Hütten zur Brotzeit angeboten wird, sondern stammt noch aus der Zeit der Römer, vom lateinischen Wort Casa: »einfaches Haus«. Drei der Hütten haben die übliche Form: vorne Wohnteil, und hinten, meist im Westen, der Stall für die Tiere. Die vierte Hütte auf dem Almboden ist ein Rundumkaser. Hier wird der Wohnteil völlig vom Stall umgeben und damit von den Tieren gewärmt. Weil das für die Sennerin nicht ganz geruchsfrei abgeht, ist diese Form der Almhütte weitgehend verschwunden.

Litzlalm Deshalb passieren wir nun auf österreichischem Hoheitsgebiet den Gasthof Hirschbichl und die kleine Mooswachtkapelle. Kurz danach teilt sich die Straße. Wir halten uns rechts und folgen der kleinen Almstraße durch lichten Bergwald. Noch einmal geht es bergauf, aber nicht mehr so anstrengend. An einer Almwiese treffen wir auf die Abzweigung zur Litzlalm. Für die schöne Aussicht ins Weißbachtal radeln wir für einen Abstecher rechts weiter auf der Almstraße. Damit erreichen wir die hübsche Eiblkapelle, die einen weiten Blick ins Pinzgau über das Weißbachtal

Der Gramlerkaser an den Litzlalmen mit den Mühlsturzhörnern

im Salzburger Land erlaubt. Ansonsten biegen wir hier scharf links ein und mit einem kurzen, letzten Aufschwung gelangen wir zu den Litzalmen. Hier könnten wir Wurzeln schlagen! Gleich mehrere malerische Almhütten liegen verstreut auf einer mit einem kleinen Kreuz überkrönten Almwiese. Dahinter ragen die Felswände der Mühlsturzhörner und der Reiter Alm auf – ein Anblick, der uns in Erinnerung bleibt! Obendrein liegt in der Mitte des Almidylls die nette Jausenstation und lockt verführerisch zu einer Pause.

Immer abwärts Zurück geht es auf dem gleichen bequemen Weg zum Hirschbichl. Dort folgen wir noch für ein kurzes Stück der Straße. Dann zweigt rechts ein schmaler Weg ab. Er ist für Radfahrer zwar gesperrt – wir müssen also ein kleines Stück schieben –, bringt uns aber auf einem wunderschönen Abschnitt direkt zu den Bindalmen. Dieses historische Almen-Ensemble ist einen Besuch wert, und auch für die Bewirtung ist gesorgt. Ab den Bindalmen dürfen wir dann wieder radeln. Wir stoßen auf die Almstraße, der wir weiter Richtung Norden talauswärts folgen. Abwärts rollend ist es nur noch ein Katzensprung und wir erreichen den Hintersee, unseren Ausgangspunkt.

Zugabe

Mein Mann *liebt das Fahrradfahren, möglichst durch das Voralpenland und in die Berge. Ich mag das auch, aber irgendwann ging mir die Puste aus. Langsam wurden gemeinsame Fahrradtouren schwierig, denn im Gegensatz zu ihm war ich am Abend müde und nicht mehr gewillt, am nächsten Tag sofort wieder auf ein Fahrrad zu steigen.*

Dann habe ich *mein erstes E-Bike ausprobiert und war völlig begeistert – ich konnte wieder mithalten. Endlich waren wir bei Steigungen wieder gleichauf, und dabei war ich so nett und bin ihm nicht davongefahren. Das Ganze dauerte aber nur ein Jahr! Denn natürlich hat mein Mann auch mein E-Bike getestet. Mit dem Resultat, dass wir nun stolze Besitzer von zwei E-Bikes sind. Trotzdem radeln wir wieder viel mehr gemeinsam. Er verfährt eben weniger Strom, aber wen stört das?*

Erzählen muss ich noch, *dass auch mein Vater, der ja mit mir diese Bücher schreibt, sich schon längst mit meiner Mama ein E-Bike gekauft hat. Beide darf man mittlerweile zu den Senioren zählen, aber sie sind immer noch leidenschaftliche Fahrradfahrer. Sie haben deutlich mehr Kilometer auf ihren Rädern als mein Mann und ich zusammen. Es zeigt, dass das Fahren mit einem E-Bike, sofern man Vorsicht walten lässt, auch im hohen Alter für Spaß an der Bewegung sorgt.*

So wünschen wir *Ihnen allezeit gute Fahrt und niemals einen leeren Akku auf der Strecke*

Herzlichst Ihre

Pause am Café Milchhäusl
am Schliersee

Mit dem E-Bike macht das Fahrradfahren mitten in den Bergen, wie hier am Hintersee im Berchtesgadener Land, viel Spaß.

Register

Ach 18
Acheleschwaig 47
Alatsee 23
Alpe Kalbelehof 19
Altenstadt 28
Ammer 42
Auerberg 28

Bad Bayersoien 42, 51
Bad Kohlgrub 42
Bad Reichenhall 146
Bad Tölz 88
Bad Wiessee 104
Beuerberg 72

Chieming 136
Chiemsee 133, 134

Demeljoch 98
Dietramszell 81

Eschenlohe 55

Ferchensee 61
Fischbachau 112
Fridolfing 140
Füssen 22

Garmisch-Partenkirchen 54
Geretsried 79
Goas-Alm 61
Grainbach 124

Hintersee 150
Hinterautal 67
Hirschberg 104
Hirschbichl 152
Högl 146
Höglwörth 147
Hohenpeißenberg 34

Inzell 142
Isar 66

Jachenau 92

Karwendel 66
Kendlmühlfilzn 128
Kirchanschöring 138
Kirchsee 87
Klausbachtal 150
Königsdorf 76
Kühzaglalm 107

Lautersee 61
Lech 28, 37
Lechfall 24
Leitzach 110
Lenggries 86, 88, 92
Litzlalm 152
Loisach 54

Mangfall 114
Markus Wasmeier Freilichtmuseum 112
Miesbach 114
Mittenwald 60, 66
Murnau 48
Museum Penzberg 76

Nußdorf 122

Ohlstadt 54

Peiting 41
Penzberg 74
Pfronten 18, 22
Porta Claudia 68

Reichersdorf 117
Reutberg 78, 83, 86
Rottach-Egern 106

Rotwandalm 100
Ruhpolding 142

Saalach 149
Samerberg 122
Schaftlach 86
Scharnitz 67
Schleching 128
Schliersee 106, 110
Schongau 28, 34
Schwarztennalm 104
Sieben Quellen 55
Siegsdorf 142
Staffelsee 48
St. Leonhard im Forst 36
Sylvensteinspeicher 94, 98

Tannheimer Tal 18
Tegernsee 106
Törwang 122
Traun 143
Traunstein 134

Übersee 128

Via Claudia 31
Vils 18

Waging 134
Waginger See 138
Weißensee 24
Weyarn 114
Wieskirche 42
Wolfratshausen 72, 78
Wörnsmühl 111

Ebenfalls erhältlich …

ISBN 978-3-86246-629-0

ISBN 978-3-86246-537-8

ISBN 978-3-86246-142-4

ISBN 978-3-86246-701-3

Impressum

Verantwortlich: Dr. Johannes Abdullahi, Miriam Gieler
Lektorat und Satz: Verlagsbüro Wais & Partner, Stuttgart
Repro: Cromika
Kartografie: Bruckmann Verlag GmbH, Heidi Schmalfuß
Herstellung: Bettina Schippel
Printed in Slovenia by Florjancic

★★★★★

Sind Sie mit diesem Titel zufrieden? Dann würden wir uns über Ihre Weiterempfehlung freuen. Erzählen Sie es im Freundeskreis, berichten Sie Ihrem Buchhändler, oder bewerten Sie bei Onlinekauf. Und wenn Sie Kritik, Korrekturen, Aktualisierungen haben, freuen wir uns über Ihre Nachricht an Bruckmann Verlag, Postfach 40 02 09, D-80702 München oder per E-Mail an lektorat@verlagshaus.de.

Unser komplettes Programm finden Sie unter www.j-berg-verlag.de

Alle Angaben dieses Werkes wurden von den Autoren sorgfältig recherchiert und auf den neuesten Stand gebracht sowie vom Verlag geprüft. Für die Richtigkeit der Angaben kann jedoch keine Haftung übernommen werden, weshalb die Nutzung auf eigene Gefahr erfolgt. Insbesondere bei GPS-Daten können Abweichungen nicht ausgeschlossen werden. Sollte dieses Werk Links auf Webseiten Dritter enthalten, so machen wir uns die Inhalte nicht zu eigen und übernehmen für die Inhalte keine Haftung.

In diesem Buch wird aus Gründen der besseren Lesbarkeit das generische Maskulinum verwendet. Weibliche und anderweitige Geschlechteridentitäten sind dabei ausdrücklich mitgemeint, soweit es für die Aussage erforderlich ist.

Empfehlung der Redaktion
Sie sind auf der Suche nach weiterführender Literatur? Dann empfehlen wir Ihnen den Titel »Die Radel-Bucket-List Bayern« von Wilfried und Lisa Bahnmüller. Oder Sie werfen einen Blick in die Zeitschrift »BERGSTEIGER«. Hier werden Sie bestimmt fündig.

Bildnachweis: Alle Aufnahmen im Innenteil sowie auf dem Umschlag stammen von den Autoren.
Umschlagvorderseite: E-Biker im hintersten Winkel des Klausbachtals im Berchtesgadener Land (Tour 25)
Umschlagrückseite: Unterwegs vom Tegernsee zum Schliersee (Tour 16)

Die Deutsche Nationalbibliothek verzeichnet diese Publikation in der Deutschen Nationalbibliografie; detaillierte bibliografische Daten sind im Internet über http://dnb.d-nb.de abrufbar.

Infanteriestraße 11a
80797 München

ISBN 978-3-86246-764-8